book2

English – Estonian

for beginners

A book in 2 languages

www.book2.de

GOETHE
VERLAG

IMPRESSUM

Johannes Schumann:
book2 English - Estonian
EAN-13 (ISBN-13): 978-1-4536-8918-9

Goethe-Verlag GmbH
Postfach 152008
80051 München
Germany

Fax +49-89-74790012
www.book2.de
www.goethe-verlag.com

Table of contents

People

Inimesed

I	mina
I and you	mina ja sina
both of us	meie
he	tema
he and she	tema ja temake
they both	nemad
the man	mees
the woman	naine
the child	laps
a family	perekond
my family	minu perekond
My family is here.	Minu perekond on siin.
I am here.	Mina olen siin.
You are here.	Sina oled siin.
He is here and she is here.	Tema on siin ja tema on siin.
We are here.	Meie oleme siin.
You are here.	Teie olete siin.
They are all here.	Nad kõik on siin.

Family Members

Perekond

the grandfather	vanaisa
the grandmother	vanaema
he and she	tema ja temake

the father	isa
the mother	ema
he and she	tema ja temake

the son	poeg
the daughter	tütar
he and she	tema ja temake

the brother	vend
the sister	õde
he and she	tema ja temake

the uncle	onu
the aunt	tädi
he and she	tema ja temake

We are a family.
The family is not small.
The family is big.

Me oleme perekond.
Perekond ei ole väike.
Perekond on suur.

**Getting to know
others**

Tuttavaks saama

Hi!	Tere!
Hello!	Tere päevast!
How are you?	Kuidas läheb?

Do you come from Europe?	Tulete te Euroopast?
Do you come from America?	Tulete te Ameerikast?
Do you come from Asia?	Tulete te Aasiast?

In which hotel are you staying?	Millises hotellis te peatute?
How long have you been here for?	Kui kaua te siin juba olete?
How long will you be staying?	Kui kauaks te jääte?

Do you like it here?	Kas teile meeldib siin?
Are you here on vacation?	Olete te siin puhkusel?
Please do visit me sometime!	Külastage mind kunagi!

Here is my address.	Siin on minu aadress.
Shall we see each other tomorrow?	Kas näeme homme?
I am sorry, but I already have plans.	Mul on kahju, kuid mul on midagi juba ees.

Bye!	Hüvasti!
Good bye!	Nägemiseni!
See you soon!	Varsti näeme!

At school

Koolis

Where are we?
We are at school.
We are having class / a lesson.

Kus me oleme?
Me oleme koolis.
Meil käib tund.

Those are the school children.
That is the teacher.
That is the class.

Need on õpilased.
See on õpetaja.
See on klass.

What are we doing?
We are learning.
We are learning a language.

Mis me teeme?
Me õpime.
Me õpime keelt.

I learn English.
You learn Spanish.
He learns German.

Ma õpin inglise keelt.
Sa õpid hispaania keelt.
Ta õpib saksa keelt.

We learn French.
You all learn Italian.
They learn Russian.

Me õpime prantsuse keelt.
Te õpite itaalia keelt.
Nad õpivad vene keelt.

Learning languages is interesting.
We want to understand people.
We want to speak with people.

Keeli õppida on huvitav.
Me tahame inimesi mõista.
Me tahame inimestega rääkida.

Countries and Languages

Riigid ja keeled

John is from London. London is in Great Britain. He speaks English.	John on Londonist. London asub Suurbritannias. Ta räägib inglise keelt.
Maria is from Madrid. Madrid is in Spain. She speaks Spanish.	Maria on Madridist. Madrid asub Hispaanias. Ta räägib hispaania keelt.
Peter and Martha are from Berlin. Berlin is in Germany. Do both of you speak German?	Peter ja Martha on Berliinist. Berliin asub Saksamaal. Kas te räägite saksa keelt?
London is a capital city. Madrid and Berlin are also capital cities. Capital cities are big and noisy.	London on pealinn. Madrid ja Berliin on samuti pealinnad. Pealinnad on suured ja valjud.
France is in Europe. Egypt is in Africa. Japan is in Asia.	Prantsusmaa asub Euroopas. Egiptus asub Aafrikas. Jaapan asub Aasias.
Canada is in North America. Panama is in Central America. Brazil is in South America.	Kanada asub Põhja-Ameerikas. Panama asub Kesk-Ameerikas. Brasiilia asub Lõuna-Ameerikas.

Reading and writing

Lugemine ja kirjutamine

I read.
I read a letter.
I read a word.

Ma loen.
Ma loen tähte.
Ma loen sõna.

I read a sentence.
I read a letter.
I read a book.

Ma loen lauset.
Ma loen kirja.
Ma loen raamatut.

I read.
You read.
He reads.

Ma loen.
Sa loed.
Ta loeb.

I write.
I write a letter.
I write a word.

Ma kirjutan.
Ma kirjutan tähte.
Ma kirjutan sõna.

I write a sentence.
I write a letter.
I write a book.

Ma kirjutan lauset.
Ma kirjutan kirja.
Ma kirjutan raamatut.

I write.
You write.
He writes.

Ma kirjutan.
Sa kirjutad.
Ta kirjutab.

Numbers

Numbrid

I count:	Ma loendan:
one, two, three	üks, kaks, kolm
I count to three.	Ma loen kolmeni.
I count further:	Ma loendan edasi:
four, five, six,	neli, viis, kuus,
seven, eight, nine	seitse, kaheksa, üheksa
I count.	Ma loendan.
You count.	Sa loendad.
He counts.	Ta loendab.
One. The first.	Üks. Esimene.
Two. The second.	Kaks. Teine.
Three. The third.	Kolm. Kolmas.
Four. The fourth.	Neli. Neljas.
Five. The fifth.	Viis. Viies.
Six. The sixth.	Kuus. Kuues.
Seven. The seventh.	Seitse. Seitsmes.
Eight. The eighth.	Kaheksa. Kaheksas.
Nine. The ninth.	Üheksa. Üheksas.

8 [eight]

The time

8 [kaheksa]

Kellaajad

Excuse me!
What time is it, please?
Thank you very much.

Vabandage!
Kui palju kell on, palun?
Suur tänu.

It is one o'clock.
It is two o'clock.
It is three o'clock.

Kell on üks.
Kell on kaks.
Kell on kolm.

It is four o'clock.
It is five o'clock.
It is six o'clock.

Kell on neli.
Kell on viis.
Kell on kuus.

It is seven o'clock.
It is eight o'clock.
It is nine o'clock.

Kell on seitse.
Kell on kaheksa.
Kell on üheksa.

It is ten o'clock.
It is eleven o'clock.
It is twelve o'clock.

Kell on kümme.
Kell on üksteist.
Kell on kaksteist.

A minute has sixty seconds.
An hour has sixty minutes.
A day has twenty-four hours.

Ühes minutis on kuuskümmend sekundit.
Ühes tunnis on kuuskümmend minutit.
Ühes päevas on kakskümmend neli tundi.

Days of the week

Nädalapäevad

Monday	esmaspäev
Tuesday	teisipäev
Wednesday	kolmapäev
Thursday	neljapäev
Friday	reede
Saturday	laupäev
Sunday	pühapäev
the week	nädal
from Monday to Sunday	esmaspäevast pühapäevani

The first day is Monday.
The second day is Tuesday.
The third day is Wednesday.

Esimene päev on esmaspäev.
Teine päev on teisipäev.
Kolmas päev on kolmapäev.

The fourth day is Thursday.
The fifth day is Friday.
The sixth day is Saturday.

Neljas päev on neljapäev.
Viies päev on reede.
Kuues päev on laupäev.

The seventh day is Sunday.
The week has seven days.
We only work for five days.

Seitsmes päev on pühapäev.
Nädalas on seitse päeva.
Me töötame ainult viis päeva.

Yesterday – today – tomorrow

Eile – täna – homme

Yesterday was Saturday.
I was at the cinema yesterday.
The film was interesting.

Eile oli laupäev.
Eile olin ma kinos.
Film oli huvitav.

Today is Sunday.
I'm not working today.
I'm staying at home.

Täna on pühapäev.
Täna ma ei tööta.
Ma jään koju.

Tomorrow is Monday.
Tomorrow I will work again.
I work at an office.

Homme on esmaspäev.
Homme teen jälle tööd.
Ma töötan büroos.

Who is that?
That is Peter.
Peter is a student.

Kes see on?
See on Peter.
Peter on õpilane.

Who is that?
That is Martha.
Martha is a secretary.

Kes see on?
See on Martha.
Martha on sekretär.

Peter and Martha are friends.
Peter is Martha's friend.
Martha is Peter's friend.

Peter ja Martha on sõbrad.
Peter on Martha sõber.
Martha on Peteri sõbranna.

Months

Kuud

January	jaanuar
February	veebruar
March	märts
April	aprill
May	mai
June	juuni

These are six months.
January, February, March,
April, May and June.

Need on kuus kuud.
Jaanuar, veebruar, märts,
aprill, mai ja juuni.

July	juuli
August	august
September	september
October	oktoober
November	november
December	detsember

These are also six months.
July, August, September,
October, November and December.

Need on samuti kuus kuud.
Juuli, august, september,
oktoober, november ja detsember.

Beverages

Joogid

I drink tea.
I drink coffee.
I drink mineral water.

Ma joon teed.
Ma joon kohvi.
Ma joon mineraalvett.

Do you drink tea with lemon?
Do you drink coffee with sugar?
Do you drink water with ice?

Jood sa teed sidruniga?
Jood sa kohvi suhkruga?
Jood sa vett jääga?

There is a party here.
People are drinking champagne.
People are drinking wine and beer.

Siin on pidu.
Inimesed joovad šampust.
Inimesed joovad veini ja õlut.

Do you drink alcohol?
Do you drink whisky / whiskey *(am.)*?
Do you drink Coke with rum?

Jood sa alkoholi?
Jood sa viskit?
Jood sa koolat rummiga?

I do not like champagne.
I do not like wine.
I do not like beer.

Mulle ei meeldi šampus.
Mulle ei meeldi vein.
Mulle ei meeldi õlu.

The baby likes milk.
The child likes cocoa and apple juice.
The woman likes orange and grapefruit juice.

Beebile meeldib piim.
Lapsele meeldib kakao ja õunamahl.
Naisele meeldib apelsinimahl ja greibimahl.

What does Martha do?	Mis Martha teeb?
She works at an office.	Ta töötab büroos.
She works on the computer.	Ta töötab arvutiga.
Where is Martha?	Kus on Martha?
At the cinema.	Kinos.
She is watching a film.	Ta vaatab filmi.
What does Peter do?	Mida Peter teeb?
He studies at the university.	Ta õpib ülikoolis.
He studies languages.	Ta õpib keeli.
Where is Peter?	Kus on Peter?
At the café.	Kohvikus.
He is drinking coffee.	Ta joob kohvi.
Where do they like to go?	Kus nad käia armastavad?
To a concert.	Kontsertidel.
They like to listen to music.	Nad kuulavad meeleldi muusikat.
Where do they not like to go?	Kus nad käia ei armasta?
To the disco.	Diskoteegis.
They do not like to dance.	Neile ei meeldi tantsida.

Colors

Värvid

Snow is white.
The sun is yellow.
The orange is orange.

Lumi on valge.
Päike on kollane.
Apelsin on oranž.

The cherry is red.
The sky is blue.
The grass is green.

Kirss on punane.
Taevas on sinine.
Rohi on roheline.

The earth is brown.
The cloud is grey / gray *(am.)*.
The tyres / tires *(am.)* are black.

Muld on pruun.
Pilv on hall.
Rehvid on mustad.

What colour / color *(am.)* is the snow? White.
What colour / color *(am.)* is the sun? Yellow.
What colour / color *(am.)* is the orange? Orange.

Mis värvi on lumi? Valge.
Mis värvi on päike? Kollane.
Mis värvi on apelsin? Oranž.

What colour / color *(am.)* is the cherry? Red.
What colour / color *(am.)* is the sky? Blue.
What colour / color *(am.)* is the grass? Green.

Mis värvi on kirss? Punane.
Mis värvi on taevas? Sinine.
Mis värvi on rohi? Roheline.

What colour / color *(am.)* is the earth? Brown.
What colour / color *(am.)* is the cloud? Grey / Gray *(am.)*.
What colour / color *(am.)* are the tyres / tires *(am.)*? Black.

Mis värvi on muld? Pruun.
Mis värvi on pilv? Hall.
Mis värvi on rehvid? Mustad.

Fruits and food

Puuviljad ja toiduained

I have a strawberry.	Mul on maasikas.
I have a kiwi and a melon.	Mul on kiivi ja melon.
I have an orange and a grapefruit.	Mul on apelsin ja greip.
I have an apple and a mango.	Mul on õun ja mango.
I have a banana and a pineapple.	Mul on banaan ja ananass.
I am making a fruit salad.	Ma teen puuviljasalati.
I am eating toast.	Ma söön röstsaia.
I am eating toast with butter.	Ma söön võiga röstsaia.
I am eating toast with butter and jam.	Ma söön või ja marmelaadiga röstsaia.
I am eating a sandwich.	Ma söön võileiba.
I am eating a sandwich with margarine.	Ma söön margariiniga võileiba.
I am eating a sandwich with margarine and tomatoes.	Ma söön margariini ja tomatiga võileiba.
We need bread and rice.	Meil on vaja leiba ja riisi.
We need fish and steaks.	Meil on vaja kala ja steike.
We need pizza and spaghetti.	Meil on vaja pitsat ja spagette.
What else do we need?	Mis meil veel vaja on?
We need carrots and tomatoes for the soup.	Meil on supi jaoks kartuleid ja tomateid vaja.
Where is the supermarket?	Kus asub kaubahall?

Seasons and Weather

Aastaajad ja ilm

These are the seasons:
Spring, summer,
autumn / fall *(am.)* and winter.

Need on aastaajad:
Kevad, suvi,
sügis ja talv.

The summer is warm.
The sun shines in summer.
We like to go for a walk in summer.

Suvi on kuum.
Suvel paistab päike.
Suvel käime hea meelega jalutamas.

The winter is cold.
It snows or rains in winter.
We like to stay home in winter.

Talv on külm.
Talvel sajab lund või vihma.
Talvel oleme hea meelega kodus.

It is cold.
It is raining.
It is windy.

On külm.
Sajab vihma.
On tuuline.

It is warm.
It is sunny.
It is pleasant.

On soe.
On päikesepaisteline.
On selge.

What is the weather like today?
It is cold today.
It is warm today.

Kuidas on ilm täna?
Täna on külm.
Täna on soe.

Our house is here.
The roof is on top.
The basement is below.

Siin on meie maja.
Üleval on katus.
All on kelder.

There is a garden behind the house.
There is no street in front of the house.
There are trees next to the house.

Maja taga on aed.
Maja ees ei ole tänavat.
Maja kõrval on puud.

My apartment is here.
The kitchen and bathroom are here.
The living room and bedroom are there.

Siin on minu korter.
Siin on köök ja vannituba.
Seal on elutuba ja magamistuba.

The front door is closed.
But the windows are open.
It is hot today.

Välisuks on lukus.
Kuid aknad on lahti.
Täna on kuum.

We are going to the living room.
There is a sofa and an armchair there.
Please, sit down!

Me lähme elutuppa.
Seal on diivan ja tugitool.
Võtke istet!

My computer is there.
My stereo is there.
The TV set is brand new.

Seal on minu arvuti.
Seal seisab mu stereosüsteem.
Telekas on täiesti uus.

House cleaning

Suurpuhastus

Today is Saturday.
We have time today.
We are cleaning the apartment today.

Täna on laupäev.
Täna on meil aega.
Täna koristame me korterit.

I am cleaning the bathroom.
My husband is washing the car.
The children are cleaning the bicycles.

Ma puhastan vannituba.
Mu mees peseb autot.
Lapsed puhastavad jalgrattaid.

Grandma is watering the flowers.
The children are cleaning up the children's room.
My husband is tidying up his desk.

Vanaema kastab lilli.
Lapsed koristavad lastetoa ära.
Mu mees koristab oma kirjutuslauda.

I am putting the laundry in the washing machine.
I am hanging up the laundry.
I am ironing the clothes.

Mina panen riided pesumasinasse.
Ma riputan pesu üles.
Ma triigin pesu.

The windows are dirty.
The floor is dirty.
The dishes are dirty.

Aknad on mustad.
Põrand on must.
Nõud on mustad.

Who washes the windows?
Who does the vacuuming?
Who does the dishes?

Kes aknad ära peseb?
Kes võtab tolmu?
Kes peseb nõud?

In the kitchen

Köögis

Do you have a new kitchen?
What do you want to cook today?
Do you cook on an electric or a gas stove?

Kas sul on uus köök?
Mis sa täna valmistada tahad?
Valmistad sa toitu elektri või gaasiga?

Shall I cut the onions?
Shall I peel the potatoes?
Shall I rinse the lettuce?

Kas ma hakin sibulad?
Kas ma koorin kartulid?
Kas pesen salati ära?

Where are the glasses?
Where are the dishes?
Where is the cutlery / silverware (am.)?

Kus on klaasid?
Kus on lauanõud?
Kus on lauahõbe?

Do you have a can opener?
Do you have a bottle opener?
Do you have a corkscrew?

Kas sul on konserviavajat?
Kas sul on pudeliavajat?
Kas sul on korgitseri?

Are you cooking the soup in this pot?
Are you frying the fish in this pan?
Are you grilling the vegetables on this grill?

Keedad sa supi selles potis?
Praed sa kala sellel pannil?
Grillid sa köögiviljad sellel grillil?

I am setting the table.
Here are the knives, the forks and the spoons.
Here are the glasses, the plates and the napkins.

Ma katan laua.
Siin on noad, kahvlid ja lusikad.
Siin on klaasid, taldrikud ja salvrätikud.

Small Talk 1

Small Talk 1

Make yourself comfortable!
Please, feel right at home!
What would you like to drink?

Seadke end sisse!
Tundke end nagu kodus!
Mida te juua soovite?

Do you like music?
I like classical music.
These are my CD's.

Meeldib teile muusika?
Mulle meeldib klassikaline muusika.
Siin on mu CD-d.

Do you play a musical instrument?
This is my guitar.
Do you like to sing?

Kas te mängite mõnda pilli?
Siin on mu kitarr.
Laulate te meelsasti?

Do you have children?
Do you have a dog?
Do you have a cat?

On teil lapsi?
On teil koer?
On teil kass?

These are my books.
I am currently reading this book.
What do you like to read?

Siin on mu raamatud.
Ma loen hetkel seda raamatut.
Mida teile lugeda meeldib?

Do you like to go to concerts?
Do you like to go to the theatre / theater (am.)?
Do you like to go to the opera?

Käite te meelsasti kontsertidel?
Käite te meelsasti teatris?
Käite te meelsasti ooperis?

Small Talk 2

Small Talk 2

Where do you come from?	Kust te pärit olete?
From Basel.	Baselist.
Basel is in Switzerland.	Basel asub Šveitsis.
May I introduce Mr. Miller?	Tohib teile härra Müllerit tutvustada?
He is a foreigner.	Ta on välismaalane.
He speaks several languages.	Ta räägib mitut keelt.
Are you here for the first time?	Olete te siin esimest korda?
No, I was here once last year.	Ei, olin siin juba eelmisel aastal.
Only for a week, though.	Kuid ainult ühe nädala.
How do you like it here?	Kuidas teile meeldib meie juures?
A lot. The people are nice.	Väga. Inimesed on toredad.
And I like the scenery, too.	Ja maastik meeldib mulle samuti.
What is your profession?	Kes te ametilt olete?
I am a translator.	Ma olen tõlkija.
I translate books.	Ma tõlgin raamatuid.
Are you alone here?	Olete te üksi siin?
No, my wife / my husband is also here.	Ei, mu naine / mu mees on ka siin.
And those are my two children.	Ja seal on mu mõlemad lapsed.

Small Talk 3

Small Talk 3

Do you smoke?	Kas te suitsetate?
I used to.	Varem jah.
But I don't smoke anymore.	Aga enam ma ei suitseta.
Does it disturb you if I smoke?	Kas teid häirib, kui ma suitsetan?
No, absolutely not.	Ei, absoluutselt mitte.
It doesn't disturb me.	See ei häiri mind.
Will you drink something?	Joote te midagi?
A brandy?	Üks konjak?
No, preferably a beer.	Ei, pigem üks õlu.
Do you travel a lot?	Reisite te palju?
Yes, mostly on business trips.	Jah, peamiselt on need tööreisid.
But now we're on holiday.	Kuid hetkel oleme puhkusel.
It's so hot!	On alles kuumus!
Yes, today it's really hot.	Jah, täna on tõeliselt kuum.
Let's go to the balcony.	Lähme rõdule.
There's a party here tomorrow.	Homme on siin pidu.
Are you also coming?	Tulete te ka?
Yes, we've also been invited.	Jah, me oleme ka kutsutud.

Learning foreign languages

Võõrkeelte õppimine

Where did you learn Spanish?	Kus te hispaania keelt õppisite?
Can you also speak Portuguese?	Oskate te ka portugali keelt?
Yes, and I also speak some Italian.	Jah, ja ma oskan ka veidi itaalia keelt.

I think you speak very well.	Ma arvan, et te räägite väga hästi.
The languages are quite similar.	Need keeled on äärmiselt sarnased.
I can understand them well.	Ma saan teist hästi aru.

But speaking and writing is difficult.	Kuid rääkida ja kirjutada on raske.
I still make many mistakes.	Ma teen veel palju vigu.
Please correct me each time.	Palun parandage mind alati.

Your pronunciation is very good.	Teie hääldus on päris hea.
You only have a slight accent.	Teil on väike aktsent.
One can tell where you come from.	Teie päritolust saab aru.

What is your mother tongue / native language *(am.)*?	Mis on teie emakeel?
Are you taking a language course?	Käite te keelekursusel?
Which textbook are you using?	Millist õppekursust te kasutate?

I don't remember the name right now.	Ma ei tea hetkel, kuidas seda nimetatakse.
The title is not coming to me.	Mul ei tule see nimi meelde.
I've forgotten it.	Ma unustasin selle.

Appointment

Kokkusaamine

Did you miss the bus?	Jäid sa bussist maha?
I waited for you for half an hour.	Ma ootasin sind pool tundi.
Don't you have a mobile / cell phone *(am.)* with you?	Kas sul ei ole mobiili kaasas?
Be punctual next time!	Ole täpne järgmine kord!
Take a taxi next time!	Võta järgmine kord takso!
Take an umbrella with you next time!	Võta järgmine kord vihmavari kaasa!
I have the day off tomorrow.	Homne päev on mul vaba.
Shall we meet tomorrow?	Kas saame homme kokku?
I'm sorry, I can't make it tomorrow.	Mul on kahju, kuid homme ei sobi mulle.
Do you already have plans for this weekend?	On sul sellel nädalavahetusel juba midagi ees?
Or do you already have an appointment?	Või oled juba midagi kokku leppinud?
I suggest that we meet on the weekend.	Ma panen ette, et me saame kokku nädalavahetusel.
Shall we have a picnic?	Kas lähme piknikule?
Shall we go to the beach?	Kas sõidame randa?
Shall we go to the mountains?	Kas sõidame mägedesse?
I will pick you up at the office.	Ma tulen sulle büroosse järgi.
I will pick you up at home.	Ma tulen sulle koju järgi.
I will pick you up at the bus stop.	Ma tulen sulle bussipeatusesse järgi.

In the city

Linnas

I would like to go to the station.	Ma sooviks rongijaama.
I would like to go to the airport.	Ma sooviks lennujaama.
I would like to go to the city centre / center *(am.)*.	Ma sooviks kesklinna.

How do I get to the station?	Kuidas saan ma rongijaama?
How do I get to the airport?	Kuidas saan ma lennujaama?
How do I get to the city centre / center *(am.)*?	Kuidas saan ma kesklinna?

I need a taxi.	Mul on taksot vaja.
I need a city map.	Mul on linnakaarti vaja.
I need a hotel.	Mul on hotelli vaja.

I would like to rent a car.	Ma sooviks autot rentida.
Here is my credit card.	Siin on mu krediitkaart.
Here is my licence / license *(am.)*.	Siin on mu juhiluba.

What is there to see in the city?	Mis on linnas vaadata?
Go to the old city.	Minge vanalinna.
Go on a city tour.	Tehke linnas ringsõit.

Go to the harbour / harbor *(am.)*.	Minge sadamasse.
Go on a harbour / harbor *(am.)* tour.	Tehke sadamaringsõit.
Are there any other places of interest?	Milliseid vaatamisväärsusi on siin veel?

In nature

Looduses

Do you see the tower there?
Do you see the mountain there?
Do you see the village there?

Näed sa seda lossi seal?
Näed sa seda mäge seal?
Näed sa seda küla seal?

Do you see the river there?
Do you see the bridge there?
Do you see the lake there?

Näed sa seda jõge seal?
Näed sa seda silda seal?
Näed sa seda merd seal?

I like that bird.
I like that tree.
I like this stone.

See lind seal meeldib mulle.
See puu seal meeldib mulle.
See kivi siin meeldib mulle.

I like that park.
I like that garden.
I like this flower.

See park seal meeldib mulle.
See aed seal meeldib mulle.
See lill siin meeldib mulle.

I find that pretty.
I find that interesting.
I find that gorgeous.

Ma leian, et see on ilus.
Ma leian, et see on huvitav.
Ma leian, et see on imeilus.

I find that ugly.
I find that boring.
I find that terrible.

Ma leian, et see on inetu.
Ma leian, et see on igav.
Ma leian, et see on jube.

In the hotel – Arrival

Hotellis – saabumine

Do you have a vacant room?	Kas teil on vaba tuba?
I have booked a room.	Ma reserveerisin toa.
My name is Miller.	Mu nimi on Müller.

I need a single room.	Mul on vaja ühest tuba.
I need a double room.	Mul on vaja kahest tuba.
What does the room cost per night?	Kui palju maksab tuba öö kohta?

I would like a room with a bathroom.	Ma sooviksin vanniga tuba.
I would like a room with a shower.	Ma sooviksin duššiga tuba.
Can I see the room?	Kas ma saaksin tuba näha?

Is there a garage here?	Kas siin on garaaž?
Is there a safe here?	Kas siin on seif?
Is there a fax machine here?	Kas siin on faks?

Fine, I'll take the room.	Hästi, ma võtan selle toa.
Here are the keys.	Siin on võtmed.
Here is my luggage.	Siin on mu pagas.

What time do you serve breakfast?	Mis kell saab hommikusööki süüa?
What time do you serve lunch?	Mis kell saab lõunat süüa?
What time do you serve dinner?	Mis kell saab õhtust süüa?

In the hotel – Complaints

Hotellis – kaebused

The shower isn't working.	Dušš ei tööta.
There is no warm water.	Sooja vett ei tule.
Can you get it repaired?	Kas te saaksite selle parandada lasta?

There is no telephone in the room.	Toas ei ole telefoni.
There is no TV in the room.	Toas ei ole telekat.
The room has no balcony.	Toal ei ole rõdu.

The room is too noisy.	Tuba on liialt vali.
The room is too small.	Tuba on liialt väike.
The room is too dark.	Tuba on liialt hämar.

The heater isn't working.	Kütteseade ei tööta.
The air-conditioning isn't working.	Kliimaseade ei tööta.
The TV isn't working.	Telekas on rikkis.

I don't like that.	See ei meeldi mulle.
That's too expensive.	See on mu jaoks liiga kallis.
Do you have anything cheaper?	On teil midagi odavamat?

Is there a youth hostel nearby?	Kas siin lähedal on noorte puhkekodu?
Is there a boarding house / a bed and breakfast nearby?	Kas siin lähedal on pansionaati?
Is there a restaurant nearby?	Kas siin lähedal on restorani?

At the restaurant 1

Restoranis 1

Is this table taken?	Kas see laud on vaba?
I would like the menu, please.	Ma paluksin menüüd.
What would you recommend?	Mida te soovitada oskate?
I'd like a beer.	Ma võtaksin hea meelega ühe õlle.
I'd like a mineral water.	Ma võtaksin hea meelega ühe mineraalvee.
I'd like an orange juice.	Ma võtaksin hea meelega ühe apelsinimahla.
I'd like a coffee.	Ma võtaksin hea meelega ühe kohvi.
I'd like a coffee with milk.	Ma võtaksin hea meelega ühe kohvi piimaga.
With sugar, please.	Suhkruga, palun.
I'd like a tea.	Ma sooviksin üht teed.
I'd like a tea with lemon.	Ma sooviksin üht sidruniga teed.
I'd like a tea with milk.	Ma sooviksin üht piimaga teed.
Do you have cigarettes?	Kas teil on sigarette?
Do you have an ashtray?	Kas teil on tuhatoosi?
Do you have a light?	Kas teil on tuld?
I'm missing a fork.	Mul on kahvel puudu.
I'm missing a knife.	Mul on nuga puudu.
I'm missing a spoon.	Mul on lusikas puudu.

At the restaurant 2

Restoranis 2

An apple juice, please.	Üks õunamahl, palun.
A lemonade, please.	Üks limonaad, palun.
A tomato juice, please.	Üks tomatimahl, palun.
I'd like a glass of red wine.	Ma võtaks meeleldi klaasi punast veini.
I'd like a glass of white wine.	Ma võtaks meeleldi klaasi valget veini.
I'd like a bottle of champagne.	Ma võtaks meeleldi klaasi šampust.
Do you like fish?	Meeldib sulle kala?
Do you like beef?	Meeldib sulle loomaliha?
Do you like pork?	Meeldib sulle sealiha?
I'd like something without meat.	Ma sooviksin midagi ilma lihata.
I'd like some mixed vegetables.	Ma sooviksin köögiviljavalikut.
I'd like something that won't take much time.	Ma sooviksin midagi, millega ei lähe kaua aega.
Would you like that with rice?	Soovite te seda riisiga?
Would you like that with pasta?	Soovite te seda nuudlitega?
Would you like that with potatoes?	Soovite te seda kartulitega?
That doesn't taste good.	See ei maitse mulle.
The food is cold.	Toit on külm.
I didn't order this.	Ma ei tellinud seda.

At the restaurant 3

Restoranis 3

I would like a starter.	Ma sooviksin eelrooga.
I would like a salad.	Ma sooviksin salatit.
I would like a soup.	Ma sooviksin suppi.
I would like a dessert.	Ma sooviksin järelrooga.
I would like an ice cream with whipped cream.	Ma sooviksin koorega jäätist.
I would like some fruit or cheese.	Ma sooviksin puuvilju või juustu.
We would like to have breakfast.	Me sooviksime hommikust süüa.
We would like to have lunch.	Me sooviksime lõunat süüa.
We would like to have dinner.	Me sooviksime õhtust süüa.
What would you like for breakfast?	Mida te hommikusöögiks soovite?
Rolls with jam and honey?	Saiake marmelaadi ja meega?
Toast with sausage and cheese?	Röstsai vorsti ja juustuga?
A boiled egg?	Keedetud muna?
A fried egg?	Praetud muna?
An omelette?	Üks omlett?
Another yoghurt, please.	Palun veel üks jogurt.
Some salt and pepper also, please.	Palun veel soola ja pipart.
Another glass of water, please.	Palun veel üks klaas vett.

At the restaurant 4

Restoranis 4

I'd like chips / French fries *(am.)* with ketchup.	Ühed friikartulid ketšupiga.
And two with mayonnaise.	Ja kaks portsjonit majoneesiga.
And three sausages with mustard.	Ja kolm portsjonit praevorste sinepiga.
What vegetables do you have?	Milliseid köögivilju teil on?
Do you have beans?	Kas teil on ube?
Do you have cauliflower?	Kas teil on lillkapsast?
I like to eat (sweet) corn.	Ma söön hea meelega maisi.
I like to eat cucumber.	Ma söön hea meelega kurki.
I like to eat tomatoes.	Ma söön hea meelega tomateid.
Do you also like to eat leek?	Sööte te meelsasti ka sibulat?
Do you also like to eat sauerkraut?	Sööte te meelsasti ka hapukapsast?
Do you also like to eat lentils?	Sööte te meelsasti ka läätsi?
Do you also like to eat carrots?	Sööd sa meelsasti ka porgandeid?
Do you also like to eat broccoli?	Sööd sa meelsasti ka brokolit?
Do you also like to eat peppers?	Sööd sa meelsasti ka paprikat?
I don't like onions.	Mulle ei meeldi sibul.
I don't like olives.	Mulle ei meeldi oliivid.
I don't like mushrooms.	Mulle ei meeldi seened.

At the train station

Rongijaamas

When is the next train to Berlin?	Millal sõidab järgmine rong Berliini?
When is the next train to Paris?	Millal sõidab järgmine rong Pariisi?
When is the next train to London?	Millal sõidab järgmine rong Londonisse?

When does the train for Warsaw leave?	Mis kell sõidab rong Varssavisse?
When does the train for Stockholm leave?	Mis kell sõidab rong Stockholmi?
When does the train for Budapest leave?	Mis kell sõidab rong Budapesti?

I'd like a ticket to Madrid.	Ma sooviksin piletit Madridi.
I'd like a ticket to Prague.	Ma sooviksin piletit Prahasse.
I'd like a ticket to Bern.	Ma sooviksin piletit Berni.

When does the train arrive in Vienna?	Millal jõuab rong Viini?
When does the train arrive in Moscow?	Millal jõuab rong Moskvasse?
When does the train arrive in Amsterdam?	Millal jõuab rong Amsterdami?

Do I have to change trains?	Kas ma pean väljuma?
From which platform does the train leave?	Milliselt platvormilt rong väljub?
Does the train have sleepers?	Kas rongil on magamisvagun?

I'd like a one-way ticket to Brussels.	Ma sooviksin üheotsapiletit Brüsselisse.
I'd like a return ticket to Copenhagen.	Ma sooviks edasi-tagasi piletit Kopenhaagenisse.
What does a berth in the sleeper cost?	Mis maksab koht magamisvagunis?

On the train

Rongis

Is that the train to Berlin?	Kas see on rong Berliini?
When does the train leave?	Millal rong väljub?
When does the train arrive in Berlin?	Millal jõuab rong Berliini?

Excuse me, may I pass?	Vabandust, kas ma saaksin mööda?
I think this is my seat.	Ma arvan, et see on minu koht.
I think you're sitting in my seat.	Ma arvan, et te istute minu kohal.

Where is the sleeper?	Kus on magamisvagun?
The sleeper is at the end of the train.	Magamisvagun on rongi tagumises otsas.
And where is the dining car? – At the front.	Ja kus on restoranivagun? – Eesotsas.

Can I sleep below?	Kas ma võin all magada?
Can I sleep in the middle?	Kas ma võin keskel magada?
Can I sleep at the top?	Kas ma võin üleval magada?

When will we get to the border?	Millal me piirile jõuame?
How long does the journey to Berlin take?	Kui kaua kestab sõit Berliini?
Is the train delayed?	Kas rong hilineb?

Do you have something to read?	Kas teil on midagi lugeda?
Can one get something to eat and to drink here?	Kas siin saaks midagi süüa ja juua?
Could you please wake me up at 7 o'clock?	Kas te äirataksite mind palun kell 7.00?

At the airport

Lennujaamas

I'd like to book a flight to Athens.	Ma sooviksin lendu Ateenasse broneerida.
Is it a direct flight?	Kas see on otselend?
A window seat, non-smoking, please.	Palun üks aknakoht, mittesuitsetaja.
I would like to confirm my reservation.	Ma sooviksin oma broneeringut kinnitada.
I would like to cancel my reservation.	Ma sooviksin oma broneeringu tühistada.
I would like to change my reservation.	Ma sooviksin oma broneeringut muuta.
When is the next flight to Rome?	Millal läheb järgmine lennuk Rooma?
Are there two seats available?	Kas kaks kohta on veel vabad?
No, we have only one seat available.	Ei, meil on veel ainult üks koht vaba.
When do we land?	Millal me maandume?
When will we be there?	Millal me saabume?
When does a bus go to the city centre / center (am.)?	Millal sõidab buss kesklinna?
Is that your suitcase?	Kas see on teie kohver?
Is that your bag?	Kas see on teie kott?
Is that your luggage?	Kas see on teie pagas?
How much luggage can I take?	Kui palju pagasit võin kaasa võtta?
Twenty kilos.	Kakskümmend kilo.
What? Only twenty kilos?	Mis, ainult kakskümmend kilo?

Public transportation

Ühistransport

Where is the bus stop?	Kus asub bussipeatus?
Which bus goes to the city centre / center *(am.)*?	Milline buss sõidab kesklinna?
Which bus do I have to take?	Millise liiniga peaksin sõitma?

Do I have to change?	Kas ma pean ümber istuma?
Where do I have to change?	Kus ma ümber istuma pean?
How much does a ticket cost?	Mis maksab pilet?

How many stops are there before downtown / the city centre?	Mitu peatust on kesklinnani?
You have to get off here.	Te peate siin väljuma.
You have to get off at the back.	Te peate tagant väljuma.

The next train is in 5 minutes.	Järgmine metroorong tuleb 5 minuti pärast.
The next tram is in 10 minutes.	Järgmine tramm tuleb 10 minuti pärast.
The next bus is in 15 minutes.	Järgmine buss tuleb 15 minuti pärast.

When is the last train?	Millal läheb viimane metroorong?
When is the last tram?	Millal läheb viimane tramm?
When is the last bus?	Millal läheb viimane buss?

Do you have a ticket?	Kas teil on pilet?
A ticket? – No, I don't have one.	Pilet? – Ei, mul ei ole.
Then you have to pay a fine.	Siis peate te trahvi maksma.

En route

Teel

He drives a motorbike.	Ta sõidab mootorrattaga.
He rides a bicycle.	Ta sõidab jalgrattaga.
He walks.	Ta käib jala.
He goes by ship.	Ta sõidab laevaga.
He goes by boat.	Ta sõidab paadiga.
He swims.	Ta ujub.
Is it dangerous here?	Kas siin on ohtlik?
Is it dangerous to hitchhike alone?	Kas üksinda hääletada on ohtlik?
Is it dangerous to go for a walk at night?	Kas öösiti jalutama minna on ohtlik?
We got lost.	Me oleme eksinud.
We're on the wrong road.	Me oleme valel teel.
We must turn around.	Me peame ümber pöörama.
Where can one park here?	Kus siin parkida saab?
Is there a parking lot here?	Kas siin on parkimisplatsi?
How long can one park here?	Kui kaua saab siin parkida?
Do you ski?	Kas te suusatate?
Do you take the ski lift to the top?	Kas te sõidate suusatõstukiga üles?
Can one rent skis here?	Kas siin saab suuski laenutada?

Please call a taxi.	Kutsuge palun takso.
What does it cost to go to the station?	Mis maksab siit rongijaamani?
What does it cost to go to the airport?	Mis maksab siit lennujaamani?
Please go straight ahead.	Palun otse.
Please turn right here.	Palun siit paremale.
Please turn left at the corner.	Palun sealt nurgalt vasakule.
I'm in a hurry.	Mul on kiire.
I have time.	Mul on aega.
Please drive slowly.	Sõitke palun aeglasemalt.
Please stop here.	Peatuge siin, palun.
Please wait a moment.	Oodake palun üks hetk.
I'll be back immediately.	Ma olen kohe tagasi.
Please give me a receipt.	Palun andke mulle kviitung.
I have no change.	Mul ei ole peenraha.
That is okay, please keep the change.	Nii sobib, ülejäänu on teile.
Drive me to this address.	Viige mind sellele aadressile.
Drive me to my hotel.	Viige mind mu hotelli.
Drive me to the beach.	Viige mind randa.

Car breakdown

Autorike

Where is the next gas station?	Kus on järgmine tankla?
I have a flat tyre / tire *(am.)*.	Mul on katkine rehv.
Can you change the tyre / tire *(am.)*?	Saate te ratta vahetada?
I need a few litres /liters *(am.)* of diesel.	Mul on vaja paar liitrit diislit.
I have no more petrol / gas *(am.)*.	Mul ei ole enam bensiini.
Do you have a petrol can / jerry can / gas can *(am.)*?	Kas teil on varukanister?
Where can I make a call?	Kus ma saan helistada?
I need a towing service.	Mul on puksiiri vaja.
I'm looking for a garage.	Ma otsin töökoda.
An accident has occurred.	Juhtus õnnetus.
Where is the nearest telephone?	Kus on lähim telefon?
Do you have a mobile / cell phone *(am.)* with you?	Kas teil on mobiil kaasas?
We need help.	Me vajame abi.
Call a doctor!	Kutsuge arst!
Call the police!	Kutsuge politsei!
Your papers, please.	Teie paberid, palun.
Your licence / license *(am.)*, please.	Teie juhiload, palun.
Your registration, please.	Teie autodokumendid, palun.

Asking for directions

Tee küsimine

Excuse me!
Can you help me?
Is there a good restaurant around here?

Vabandage!
Saate te mind aidata?
Kus on siin hea restoran?

Take a left at the corner.
Then go straight for a while.
Then go right for a hundred metres / meters *(am.)*.

Minge vasakule ümber nurga.
Minge seejärel veidi maad otse.
Minge siis sada meetrit paremale.

You can also take the bus.
You can also take the tram.
You can also follow me with your car.

Te võite ka bussiga minna.
Te võite ka trammiga minna.
Te võite ka minu järel sõita.

How do I get to the football / soccer *(am.)* stadium?
Cross the bridge!
Go through the tunnel!

Kuidas saan ma jalgpallistaadionile?
Ületage sild!
Sõitke läbi tunneli!

Drive until you reach the third traffic light.
Then turn into the first street on your right.
Then drive straight through the next intersection.

Sõitke kolmanda foorini.
Pöörake seejärel esimesele tänavale paremal.
Sõitke siis otse üle järgmise ristmiku.

Excuse me, how do I get to the airport?
It is best if you take the underground / subway *(am.)*.
Simply get out at the last stop.

Vabandage, kuidas ma jõuan lennujaama?
Parem oleks, kui te metrooga läheksite.
Sõitke lihtsalt lõppjaamani.

Where is the tourist information office?	Kus asub turistiinfo?
Do you have a city map for me?	Kas teil oleks mulle linnakaarti?
Can one reserve a room here?	Kas siin saab hotellituba reserveerida?
Where is the old city?	Kus asub vanalinn?
Where is the cathedral?	Kus asub katedraal?
Where is the museum?	Kus asub muuseum?
Where can one buy stamps?	Kust saab postmarke osta?
Where can one buy flowers?	Kust saab lilli osta?
Where can one buy tickets?	Kust saab sõidupileteid osta?
Where is the harbour / harbor *(am.)*?	Kus asub sadam?
Where is the market?	Kus asub turg?
Where is the castle?	Kus asub loss?
When does the tour begin?	Millal ekskursioon algab?
When does the tour end?	Millal ekskursioon lõppeb?
How long is the tour?	Kui kaua ekskursioon kestab?
I would like a guide who speaks German.	Ma sooviksin giidi, kes räägib saksa keelt.
I would like a guide who speaks Italian.	Ma sooviksin giidi, kes räägib itaalia keelt.
I would like a guide who speaks French.	Ma sooviksin giidi, kes räägib prantsuse keelt.

Is the market open on Sundays?	Kas turg on laupäeviti avatud?
Is the fair open on Mondays?	Kas mess on esmaspäeviti avatud?
Is the exhibition open on Tuesdays?	Kas näitus on teisipäeviti avatud?
Is the zoo open on Wednesdays?	Kas loomaaed on kolmapäeviti avatud?
Is the museum open on Thursdays?	Kas muuseum on neljapäeviti avatud?
Is the gallery open on Fridays?	Kas galerii on reedeti avatud?
Can one take photographs?	Kas tohib pildistada?
Does one have to pay an entrance fee?	Kas sissepääs on tasuline?
How much is the entrance fee?	Kui palju maksab sissepääs?
Is there a discount for groups?	Kas gruppidele on soodustus?
Is there a discount for children?	Kas lastele on soodustus?
Is there a discount for students?	Kas üliõpilastele on soodustus?
What building is that?	Mis hoone see on?
How old is the building?	Kui vana on see hoone?
Who built the building?	Kes ehitas selle hoone?
I'm interested in architecture.	Ma olen huvitatud arhitektuurist.
I'm interested in art.	Ma olen huvitatud kunstist.
I'm interested in paintings.	Ma olen huvitatud maalidest.

At the zoo

Loomaaias

The zoo is there.
The giraffes are there.
Where are the bears?

Seal on loomaaed.
Seal on kaelkirjakud.
Kus on karud?

Where are the elephants?
Where are the snakes?
Where are the lions?

Kus on elevandid?
Kus on maod?
Kus on lõvid?

I have a camera.
I also have a video camera.
Where can I find a battery?

Mul on fotoaparaat.
Mul on ka videokaamera.
Kus on patareid?

Where are the penguins?
Where are the kangaroos?
Where are the rhinos?

Kus on pingviinid?
Kus on kängurud?
Kus on ninasarvikud?

Where is the toilet / restroom *(am.)*?
There is a café over there.
There is a restaurant over there.

Kus asub tualett?
Seal on kohvik.
Seal on restoran.

Where are the camels?
Where are the gorillas and the zebras?
Where are the tigers and the crocodiles?

Kus on kaamelid?
Kus on gorillad ja sebrad?
Kus on tiigrid ja krokodillid?

Going out in the evening

Õhtul välja minemine

Is there a disco here?	Kas siin on diskoteek?
Is there a nightclub here?	Kas siin on ööklubi?
Is there a pub here?	Kas siin on pubi?

What's playing at the theatre / theater *(am.)* this evening?	Mida täna õhtul teatris etendatakse?
What's playing at the cinema / movies *(am.)* this evening?	Mida täna õhtul kinos näidatakse?
What's on TV this evening?	Mis täna õhtul telekast tuleb?

Are tickets for the theatre / theater *(am.)* still available?	Kas teatrisse on veel pileteid?
Are tickets for the cinema / movies *(am.)* still available?	Kas kinno on veel pileteid?
Are tickets for the football / soccer *am.* game still available?	Kas jalgpallimängule on veel pileteid?

I want to sit in the back.	Ma sooviks kõige taga istuda.
I want to sit somewhere in the middle.	Ma sooviks kuskil keskel istuda.
I want to sit at the front.	Ma sooviks kõige ees istuda.

Could you recommend something?	Kas te saaksite mulle midagi tellida?
When does the show begin?	Millal etendus algab?
Can you get me a ticket?	Saaksite te mulle pileti hankida?

Is there a golf course nearby?	Kas siin lähedal on golfiväljakut?
Is there a tennis court nearby?	Kas siin lähedal on tenniseväljakut?
Is there an indoor swimming pool nearby?	Kas siin lähedal on ujulat?

At the cinema

Kinos

We want to go to the cinema.
A good film is playing today.
The film is brand new.

Me tahaksime kinno.
Täna jookseb hea film.
See film on täiesti uus.

Where is the cash register?
Are seats still available?
How much are the admission tickets?

Kus on kassa?
Kas on veel vabu kohti?
Kui palju maksavad piletit?

When does the show begin?
How long is the film?
Can one reserve tickets?

Millal esitus algab?
Kui kaua film kestab?
Kas pileteid saab reserveerida?

I want to sit at the back.
I want to sit at the front.
I want to sit in the middle.

Ma sooviks taga istuda.
Ma sooviks ees istuda.
Ma sooviks keskel istuda.

The film was exciting.
The film was not boring.
But the book on which the film was based was better.

Film oli põnev.
Film ei olnud igav.
Kui filmi raamat oli parem.

How was the music?
How were the actors?
Were there English subtitles?

Kuidas muusika oli?
Kuidas näitlejad olid?
Kas inglisekeelseid subtiitreid oli?

n the discotheque

Diskoteegis

Is this seat taken?
May I sit with you?
Sure.

Kas see koht siin on vaba?
Kas ma võin teiega istuda?
Meeleldi.

How do you like the music?
A little too loud.
But the band plays very well.

Kuidas teile muusika meeldib?
Veidi valju.
Kuid bänd mängib päris hästi.

Do you come here often?
No, this is the first time.
I've never been here before.

Kas te käite tihti siin?
Ei, see on esimene kord.
Ma ei ole kunagi siin käinud.

Would you like to dance?
Maybe later.
I can't dance very well.

Kas te tantsite?
Hiljem võib-olla.
Ma ei oska eriti hästi tantsida.

It's very easy.
I'll show you.
No, maybe some other time.

See on väga lihtne.
Ma näitan teile.
Ei, parem mõni teine kord.

Are you waiting for someone?
Yes, for my boyfriend.
There he is!

Ootate te kedagi?
Jah, enda sõpra.
Sealt ta tulebki!

Preparing a trip

Ettevalmistused reisiks

You have to pack our suitcase!
Don't forget anything!
You need a big suitcase!

Sa pead meie kohvri pakkima!
Sa ei tohi midagi unustada!
Sul on suurt kohvrit vaja!

Don't forget your passport!
Don't forget your ticket!
Don't forget your traveller's cheques / traveler's checks *(am.)*!

Ära passi unusta!
Ära lennupiletit unusta!
Ära reisitšekke unusta!

Take some suntan lotion with you.
Take the sun-glasses with you.
Take the sun hat with you.

Võta päikesekreem kaasa.
Võta päikeseprillid kaasa.
Võta päikesemüts kaasa.

Do you want to take a road map?
Do you want to take a travel guide?
Do you want to take an umbrella?

Võtad sa tänavakaardi kaasa?
Võtad sa reisijuhi kaasa?
Võtad sa vihmavarju kaasa?

Remember to take pants, shirts and socks.
Remember to take ties, belts and sports jackets.
Remember to take pyjamas, nightgowns and t-shirts.

Mõtle pükstele, särkidele, sokkidele.
Mõtle lipsudele, vöödele, jakkidele.
Mõtle pidžaamadele, öösärkidele ja T-särkidele.

You need shoes, sandals and boots.
You need handkerchiefs, soap and a nail clipper.
You need a comb, a toothbrush and toothpaste.

Sul on vaja kingi, sandaale ja saapaid.
Sul on vaja taskurätte, seepe ja küünekääre.
Sul on vaja kammi, hambaharja ja hambapastat

Vacation activities

Puhkusetegevused

Is the beach clean?	Kas rand on puhas?
Can one swim there?	Kas seal saab supelda?
Isn't it dangerous to swim there?	Kas seal suplemine pole ohtlik?
Can one rent a sun umbrella / parasol here?	Kas siin saab päikesevarju laenutada?
Can one rent a deck chair here?	Kas siin saab lamamistooli laenutada?
Can one rent a boat here?	Kas siin saab paati laenutada?
I would like to surf.	Ma surfaks hea meelega.
I would like to dive.	Ma sukelduks hea meelega.
I would like to water ski.	Ma sõidaks hea meelega veesuuskadel.
Can one rent a surfboard?	Kas siin saab lainelauda laenutada?
Can one rent diving equipment?	Kas siin saab sukeldumisülikonda laenutada?
Can one rent water skis?	Kas siin saab veesuuski laenutada?
I'm only a beginner.	Ma olen alles algaja.
I'm moderately good.	Ma olen keskmisel tasemel.
I'm pretty good at it.	Ma olen sellega juba tuttav.
Where is the ski lift?	Kus on suusatõstuk?
Do you have skis?	Kas sul on suusad kaasas?
Do you have ski boots?	Kas sul on suusasaapad kaasas?

Sports

Sport

Do you exercise?
Yes, I need some exercise.
I am a member of a sports club.

Kas sind huvitab sport?
Jah, ma pean end liigutama.
Ma käin spordiklubis.

We play football / soccer *(am.)*.
We swim sometimes.
Or we cycle.

Me mängime jalgpalli.
Mõnikord me ujume.
Või sõidame rattaga.

There is a football / soccer *(am.)* stadium in our city.
There is also a swimming pool with a sauna.
And there is a golf course.

Meie linnas on jalgpallistaadion.
Siin on ka saunaga ujumisbassein.
Ja golfiväljak.

What is on TV?
There is a football / soccer *(am.)* match on now.
The German team is playing against the English one.

Mis telekast tuleb?
Hetkel tuleb jalgpallimäng.
Saksa meeskond mängib Inglismaa vastu.

Who is winning?
I have no idea.
It is currently a tie.

Kes võidab?
Mul ei ole aimugi.
Praegu on seis võrdne.

The referee is from Belgium.
Now there is a penalty.
Goal! One – zero!

Väljakukohtunik on Belgiast.
Nüüd tuleb karistuslöök.
Värav! Üks null!

In the swimming pool

Ujulas

It is hot today.
Shall we go to the swimming pool?
Do you feel like swimming?

Täna on kuum.
Lähme ujulasse?
Oleks sul tuju ujuma minna?

Do you have a towel?
Do you have swimming trunks?
Do you have a bathing suit?

Kas sul on rätik?
Kas sul on ujumispüksid?
Kas sul on trikoo?

Can you swim?
Can you dive?
Can you jump in the water?

Oskad sa ujuda?
Oskad sa sukelduda?
Oskad sa vette hüpata?

Where is the shower?
Where is the changing room?
Where are the swimming goggles?

Kus on dušš?
Kus on riietuskabiin?
Kus on ujumisprillid?

Is the water deep?
Is the water clean?
Is the water warm?

Kas vesi on sügav?
Kas vesi on puhas?
Kas vesi on soe?

I am freezing.
The water is too cold.
I am getting out of the water now.

Mul on külm.
Vesi on liiga külm.
Ma lähen nüüd veest välja.

Running errands

Asjaajamised

I want to go to the library.	Ma tahaksin raamatukokku.
I want to go to the bookstore.	Ma tahaksin raamatupoodi.
I want to go to the newspaper stand.	Ma tahaksin kioski.

I want to borrow a book.	Ma tahaksin raamatut laenutada.
I want to buy a book.	Ma tahaksin raamatut osta.
I want to buy a newspaper.	Ma tahaksin ajalehte osta.

I want to go to the library to borrow a book.

Ma tahaksin raamatukokku minna, et raamatut laenutada.

I want to go to the bookstore to buy a book.

Ma tahaksin raamatupoodi minna, et raamatut osta.

I want to go to the kiosk / newspaper stand to buy a newspaper.

Ma tahaksin kioski minna, et ajalehte osta.

I want to go to the optician.	Ma tahaksin prillipoodi.
I want to go to the supermarket.	Ma tahaksin kaubahalli.
I want to go to the bakery.	Ma tahaksin pagariärisse.

I want to buy some glasses.	Ma tahaksin prille osta.
I want to buy fruit and vegetables.	Ma tahaksin puuvilju ja köögivilju osta.
I want to buy rolls and bread.	Ma tahaksin saiakesi ja leiba osta.

I want to go to the optician to buy glasses.

Ma tahaksin prillipoodi minna, et prille osta.

I want to go to the supermarket to buy fruit and vegetables.

Ma tahaksin kaubahalli minna, et osta puuvilju ja köögivilju.

I want to go to the baker to buy rolls and bread.

Ma tahaksin pagariärisse minna, et osta saiakesi ja leiba.

In the department store

Kaubamajas

Shall we go to the department store?
I have to go shopping.
I want to do a lot of shopping.

Lähme kaubamajja?
Ma pean sisseoste tegema.
Ma tahan palju sisseoste teha.

Where are the office supplies?
I need envelopes and stationery.
I need pens and markers.

Kus on bürookaubad?
Mul on vaja ümbrikke ja kirjapaberit.
Mul on vaja tindipliiatseid ja markereid.

Where is the furniture?
I need a cupboard and a chest of drawers.
I need a desk and a bookshelf.

Kus on mööbel?
Mul on vaja kappi ja kummutit.
Mul on vaja kirjutuslauda ja raamaturiiulit.

Where are the toys?
I need a doll and a teddy bear.
I need a football and a chess board.

Kus on mänguasjad?
Mul on vaja nukku ja kaisukaru.
Mul on vaja jalgpalli ja malemängu.

Where are the tools?
I need a hammer and a pair of pliers.
I need a drill and a screwdriver.

Kus on tööriistad?
Mul on vaja haamrit ja saagi.
Mul on vaja puuri ja kruvikeerajat.

Where is the jewellery / jewelry *(am.)* department?
I need a chain and a bracelet.
I need a ring and earrings.

Kus on ehted?
Mul on vaja ketti ja käevõru.
Mul on vaja sõrmust ja kõrvarõngaid.

Shops

Kauplused

We're looking for a sports shop.	Me otsime spordipoodi.
We're looking for a butcher shop.	Me otsime lihunikuäri.
We're looking for a pharmacy / drugstore *(am.)*.	Me otsime apteeki.
We want to buy a football.	Me soovime nimelt jalgpalli osta.
We want to buy salami.	Me soovime nimelt salaamit osta.
We want to buy medicine.	Me soovime nimelt ravimeid osta.
We're looking for a sports shop to buy a football.	Me otsime spordipoodi, et jalgpalli osta.
We're looking for a butcher shop to buy salami.	Me otsime lihunikuäri, et salaamit osta.
We're looking for a drugstore to buy medicine.	Me otsime apteeki, et ravimeid osta.
I'm looking for a jeweller / jeweler *(am.)*.	Ma otsin juveliiri.
I'm looking for a photo equipment store.	Ma otsin fotopoodi.
I'm looking for a confectionery.	Ma otsin kondiitrit.
I actually plan to buy a ring.	Mul on nimelt plaanis sõrmus osta.
I actually plan to buy a roll of film.	Mul on nimelt plaanis filmi osta.
I actually plan to buy a cake.	Mul on nimelt paanis tort osta.
I'm looking for a jeweler to buy a ring.	Ma otsin juveliiri, et sõrmust osta.
I'm looking for a photo shop to buy a roll of film.	Ma otsin fotopoodi, et filmi osta.
I'm looking for a confectionery to buy a cake.	Ma otsin kondiitrit, et torti osta.

Shopping

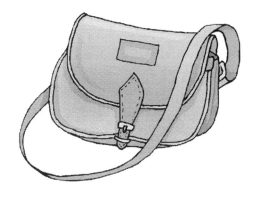

Sisseostud

I want to buy a present.	Ma sooviks kinki osta.
But nothing too expensive.	Kuid midagi, mis poleks liialt kallis.
Maybe a handbag?	Võib-olla käekott?
Which color would you like?	Millist värvi te soovite?
Black, brown or white?	Musta, pruuni või valget?
A large one or a small one?	Suurt või väikest?
May I see this one, please?	Tohin ma seda korra vaadata?
Is it made of leather?	Kas see on nahast?
Or is it made of plastic?	Või on ta kunstmaterjalist?
Of leather, of course.	Nahast loomulikult.
This is very good quality.	See on äärmiselt kvaliteetne.
And the bag is really very reasonable.	Ja käekott on tõesti seda hinda väärt.
I like it.	See meeldib mulle.
I'll take it.	Ma võtan selle.
Can I exchange it if needed?	Kas ma saan seda hiljem ümber vahetada?
Of course.	Loomulikult.
We'll gift wrap it.	Me pakime ta kingina ära.
The cashier is over there.	Kassa on sealpool.

Working

Töö

What do you do for a living?	Mis on teie elukutse?
My husband is a doctor.	Mu mees on arst.
I work as a nurse part-time.	Ma töötan poole kohaga meditsiiniõena.

We will soon receive our pension.	Varsti saame me pensionit.
But taxes are high.	Kuid maksud on kõrged.
And health insurance is expensive.	Ja tervisekindlustus on ka kõrge.

What would you like to become some day?	Kelleks sa saada tahad?
I would like to become an engineer.	Ma tahan inseneriks saada.
I want to go to college.	Ma tahan ülikoolis õppida.

I am an intern.	Ma olen praktikant.
I do not earn much.	Ma ei teeni palju.
I am doing an internship abroad.	Ma teen praktika välismaal.

That is my boss.	See on minu ülemus.
I have nice colleagues.	Mul on meeldivad kolleegid.
We always go to the cafeteria at noon.	Lõuna ajal käime me alati sööklas.

I am looking for a job.	Ma otsin töökohta.
I have already been unemployed for a year.	Ma olen juba aasta olnud töötu.
There are too many unemployed people in this country.	Selles riigis on liiga palju töötuid.

Feelings

Tunded

to feel like / want to	Tuju olema
We feel like / want to.	Meil on tuju.
We don't feel like / want to.	Meil ei ole tuju.
to be afraid	Hirmu tundma
I'm afraid.	Mul on hirm.
I am not afraid.	Ma ei tunne hirmu.
to have time	Aega olema
He has time.	Tal on aega.
He has no time.	Tal ei ole aega.
to be bored	Igavlema
She is bored.	Tal on igav.
She is not bored.	Tal ei ole igav.
to be hungry	Näljane olema
Are you hungry?	Kas te olete näljased?
Aren't you hungry?	Kas te ei ole näljased?
to be thirsty	Janune olema
They are thirsty.	Teil on janu.
They are not thirsty.	Teil ei ole janu.

At the doctor

Arsti juures

I have a doctor's appointment.	Mul on aeg arsti juures.
I have the appointment at ten o'clock.	Mu aeg on kella kümneks.
What is your name?	Kuidas on teie nimi?

Please take a seat in the waiting room.	Palun võtke ootetoas istet.
The doctor is on his way.	Arst tuleb kohe.
What insurance company do you belong to?	Kus te kindlustatud olete?

What can I do for you?	Mis saan ma teie heaks teha?
Do you have any pain?	On teil valud?
Where does it hurt?	Kus teil valutab?

I always have back pain.	Mul on pidevalt seljavalud.
I often have headaches.	Mul on tihti peavalud.
I sometimes have stomach aches.	Mul on mõnikord kõhuvalud.

Remove your top!	Võtke palun ülakeha paljaks!
Lie down on the examining table.	Heitke palun voodile!
Your blood pressure is okay.	Vererõhk on korras.

I will give you an injection.	Ma teen teile süsti.
I will give you some pills.	Ma annan teile tablette.
I am giving you a prescription for the pharmacy.	Ma annan teile apteegi jaoks retsepti.

Parts of the body

Kehaosad

I am drawing a man.	Ma joonistan meest.
First the head.	Esiteks pea.
The man is wearing a hat.	Mees kannab mütsi.
One cannot see the hair.	Juukseid ei ole näha.
One cannot see the ears either.	Kõrvu ei ole samuti näha.
One cannot see his back either.	Selga ei ole ka näha.
I am drawing the eyes and the mouth.	Ma joonistan silmad ja suu.
The man is dancing and laughing.	Mees tantsib ja naerab.
The man has a long nose.	Mehel on pikk nina.
He is carrying a cane in his hands.	Ta kannab keppi käes.
He is also wearing a scarf around his neck.	Ta kannab ka salli ümber kaela.
It is winter and it is cold.	On talv ja külm.
The arms are athletic.	Käed on tugevad.
The legs are also athletic.	Jalad on samuti tugevad.
The man is made of snow.	See mees on lumest.
He is neither wearing pants nor a coat.	Ta ei kanna pükse ega mantlit.
But the man is not freezing.	Kuid see mees ei külmeta.
He is a snowman.	Ta on lumemees.

At the post office

Postkontoris

Where is the nearest post office?	Kus on lähim postkontor?
Is the post office far from here?	Kas lähima postkontorini on pikk maa?
Where is the nearest mail box?	Kus on lähim kirjakast?
I need a couple of stamps.	Mul on paari postmarki vaja.
For a card and a letter.	Ühele kaardile ja ühele kirjale.
How much is the postage to America?	Kui palju maksab paki saatmine Ameerikasse?
How heavy is the package?	Kui raske on see pakk?
Can I send it by air mail?	Kas ma võin selle lennupostiga saata?
How long will it take to get there?	Kui kaua kulub selle kohale jõudmiseks?
Where can I make a call?	Kus ma helistada saan?
Where is the nearest telephone booth?	Kus on lähim telefon?
Do you have calling cards?	Kas teil on telefonikaarte?
Do you have a telephone directory?	Kas teil on telefoniraamatut?
Do you know the area code for Austria?	Teate te Austria suunakoodi?
One moment, I'll look it up.	Üks hetk, ma vaatan järgi.
The line is always busy.	Liin on pidevalt hõivatud.
Which number did you dial?	Millise numbri te valisite?
You have to dial a zero first!	Te peate esimesena nulli valima!

At the bank

Pangas

I would like to open an account.	Ma sooviks kontot avada.
Here is my passport.	Siin on mu pass.
And here is my address.	Ja siin on mu aadress.

I want to deposit money in my account.	Ma sooviksin oma kontole raha kanda.
I want to withdraw money from my account.	Ma sooviksin oma kontolt raha võtta.
I want to pick up the bank statements.	Ma sooviksin kontoväljavõtet.

I want to cash a traveller's cheque / traveler's check *(am.)*.	Ma sooviksin reisitšekki rahaks vahetada.
What are the fees?	Kui kõrged on tasud?
Where should I sign?	Kuhu ma alla kirjutama pean?

I'm expecting a transfer from Germany.	Ma ootan pangaülekannet Saksamaalt.
Here is my account number.	Siin on mu kontonumber.
Has the money arrived?	Kas raha on saabunud?

I want to change money.	Ma sooviks selle raha vahetada.
I need US-Dollars.	Mul on vaja USA dollareid.
Could you please give me small notes / bills *(am.)*?	Palun andke mulle väikeseid kupüüre.

Is there a cashpoint / an ATM *(am.)*?	Kas siin on sularahaautomaati?
How much money can one withdraw?	Kui palju raha võib välja võtta?
Which credit cards can one use?	Milliseid krediitkaarte saab siin kasutada?

Ordinal numbers

Järgarvud

The first month is January.
The second month is February.
The third month is March.

Esimene kuu on jaanuar.
Teine kuu on veebruar.
Kolmas kuu on märts.

The fourth month is April.
The fifth month is May.
The sixth month is June.

Neljas kuu on aprill.
Viies kuu on mai.
Kuues kuu on juuni.

Six months make half a year.
January, February, March,
April, May and June.

Kuus kuud on pool aastat.
Jaanuar, veebruar, märts,
aprill, mai ja juuni.

The seventh month is July.
The eighth month is August.
The ninth month is September.

Seitsmes kuu on juuli.
Kaheksas kuu on august.
Üheksas kuu on september.

The tenth month is October.
The eleventh month is November.
The twelfth month is December.

Kümnes kuu on oktoober.
Üheteistkümnes kuu on november.
Kaheteistkümnes kuu on detsember.

Twelve months make a year.
July, August, September,
October, November and December.

Kaksteist kuud on aasta.
Juuli, august, september,
oktoober, november ja detsember.

Asking questions 1

Küsimuste esitamine 1

to learn	õppima
Do the students learn a lot?	Kas õpilased õpivad palju?
No, they learn a little.	Ei, nad õpivad vähe.
to ask	küsima
Do you often ask the teacher questions?	Küsite te tihti õpetajalt?
No, I don't ask him questions often.	Ei, ma ei küsi talt tihti.
to reply	vastama
Please reply.	Vastake, palun.
I reply.	Ma vastan.
to work	töötama
Is he working right now?	Töötab ta praegu?
Yes, he is working right now.	Jah, ta töötab praegu.
to come	tulema
Are you coming?	Tulete te?
Yes, we are coming soon.	Jah, me tuleme kohe.
to live	elama
Do you live in Berlin?	Elate te Berliinis?
Yes, I live in Berlin.	Jah, ma elan Berliinis.

Asking questions 2

Küsimuste esitamine 2

I have a hobby.
I play tennis.
Where is the tennis court?

Mul on hobi.
Ma mängin tennist.
Kus on tennisväljak?

Do you have a hobby?
I play football / soccer (am.).
Where is the football / soccer (am.) field?

Kas sul on hobi?
Ma mängin jalgpalli.
Kus on jalgpalliväljak?

My arm hurts.
My foot and hand also hurt.
Is there a doctor?

Mu käevars on valus.
Mu jalg ja käsi valutavad ka.
Kus on arst?

I have a car/automobile.
I also have a motorcycle.
Where could I park?

Mul on auto.
Mul on ka mootorratas.
Kus on parkla?

I have a sweater.
I also have a jacket and a pair of jeans.
Where is the washing machine?

Mul on pullover.
Mul on jakk ja teksad.
Kus on pesumasin?

I have a plate.
I have a knife, a fork and a spoon.
Where is the salt and pepper?

Mul on taldrik.
Mul on nuga, kahvel ja lusikas.
Kus on sool ja pipar?

I don't understand the word.
I don't understand the sentence.
I don't understand the meaning.

Ma ei saa sellest sõnast aru.
Ma ei saa sellest lausest aru.
Ma ei saa selle tähendusest aru.

the teacher
Do you understand the teacher?
Yes, I understand him well.

õpetaja
Saate te õpetajast aru?
Jah, ma saan temast hästi aru.

the teacher
Do you understand the teacher?
Yes, I understand her well.

õpetajanna
Saate te õpetajannast aru?
Jah, ma saan temast hästi aru.

the people
Do you understand the people?
No, I don't understand them so well.

inimesed
Saate te neist inimestest aru?
Ei, ma ei saa neist eriti aru.

the girlfriend
Do you have a girlfriend?
Yes, I do.

Tüdruksõber
Kas teil on tüdruksõber?
Jah, mul on.

the daughter
Do you have a daughter?
No, I don't.

Tütar
Kas teil on tütar?
Ei, mul ei ole.

Is the ring expensive?
No, it costs only one hundred Euros.
But I have only fifty.

Kas see sõrmus on kallis?
Ei, see maksab ainult sada eurot.
Kuid mul on ainult viiskümmend.

Are you finished?
No, not yet.
But I'll be finished soon.

Oled sa juba valmis?
Ei, veel mitte.
Aga kohe olen valmis.

Do you want some more soup?
No, I don't want anymore.
But another ice cream.

Soovid sa veel suppi?
Ei, ma ei soovi rohkem.
Aga veel üht jäätist.

Have you lived here long?
No, only for a month.
But I already know a lot of people.

Elad sa juba kaua siin?
Ei, alles esimest aastat.
Kuid ma tunnen juba palju inimesi.

Are you driving home tomorrow?
No, only on the weekend.
But I will be back on Sunday.

Sõidad sa homme koju?
Ei, alles nädalavahetusel.
Aga ma tulen juba pühapäeval tagasi.

Is your daughter an adult?
No, she is only seventeen.
But she already has a boyfriend.

Kas su tütar on juba täiskasvanud?
Ei, ta on alles seitseteist.
Aga tal on juba üks sõber.

Possessive pronouns 1

Omastavad asesõnad 1

I – my
I can't find my key.
I can't find my ticket.

mina – minu
Ma ei leia oma võtit.
Ma ei leia oma sõidukaarti.

you – your
Have you found your key?
Have you found your ticket?

sina – sinu
Leidsid sa oma võtme?
Leidsid sa oma sõidukaardi?

he – his
Do you know where his key is?
Do you know where his ticket is?

tema – tema
Tead sa, kus ta võti on?
Tead sa, kus ta sõidukaart on?

she – her
Her money is gone.
And her credit card is also gone.

tema – tema
Ta raha on kadunud.
Ja ta krediitkaart on ka kadunud.

we – our
Our grandfather is ill.
Our grandmother is healthy.

meie – meie
Meie vanaisa on haige.
Meie vanaema on terve.

you – your
Children, where is your father?
Children, where is your mother?

teie – teie
Lapsed, kus on teie issi?
Lapsed, kus on teie emme?

Possessive pronouns 2

Omastavad asesõnad 2

the glasses	Prillid
He has forgotten his glasses.	Ta unustas oma prillid.
Where has he left his glasses?	Kuhu ta siis oma prillid jättis?
the clock	kell
His clock isn't working.	Ta kell on katki.
The clock hangs on the wall.	Kell ripub seinal.
the passport	pass
He has lost his passport.	Ta kaotas enda passi.
Where is his passport then?	Kuhu ta siis enda passi jättis?
they – their	Nad – nende
The children cannot find their parents.	Need lapsed ei leia endi vanemaid.
Here come their parents!	Aga sealt nende vanemad tulevadki!
you – your	Teie – teie
How was your trip, Mr. Miller?	Kuidas teie reis oli, härra Müller?
Where is your wife, Mr. Miller?	Kus on teie naine, härra Müller?
you – your	Teie – teie
How was your trip, Mrs. Smith?	Kuidas teie reis oli, proua Schmidt?
Where is your husband, Mrs. Smith?	Kus on teie mees, proua Schmidt?

big – small

suur – väike

big and small	suur ja väike
The elephant is big.	Elevant on suur.
The mouse is small.	Hiir on väike.
dark and bright	pime ja valge
The night is dark.	Öö on pime.
The day is bright.	Päev on valge.
old and young	vana ja noor
Our grandfather is very old.	Meie vanaisa on väga vana.
70 years ago he was still young.	70 aastat tagasi oli ta veel noor.
beautiful and ugly	ilus ja inetu
The butterfly is beautiful.	Liblikas on ilus.
The spider is ugly.	Ämblik on inetu.
fat and thin	paks ja kõhn
A woman who weighs a hundred kilos is fat.	100 kilo kaaluv naine on paks.
A man who weighs fifty kilos is thin.	50 kilo kaaluv mees on kõhn.
expensive and cheap	kallis ja odav
The car is expensive.	Auto on kallis.
The newspaper is cheap.	Ajaleht on odav.

to need – to want to

vajama – tahtma

I need a bed.	Mul on vaja voodit.
I want to sleep.	Ma tahan magada.
Is there a bed here?	Kas siin on voodit?
I need a lamp.	Mul on vaja lampi.
I want to read.	Ma tahan lugeda.
Is there a lamp here?	Kas siin on lampi?
I need a telephone.	Mul on vaja telefoni.
I want to make a call.	Ma tahan helistada.
Is there a telephone here?	Kas siin on telefoni?
I need a camera.	Mul on vaja fotokaamerat.
I want to take photographs.	Ma tahan pildistada.
Is there a camera here?	Kas siin on fotokaamerat?
I need a computer.	Mul on vaja arvutit.
I want to send an email.	Ma tahan e-posti saata.
Is there a computer here?	Kas siin on arvutit?
I need a pen.	Mul on vaja pastakat.
I want to write something.	Ma tahan midagi kirjutada.
Is there a sheet of paper and a pen here?	Kas siin on paberilehte ja pastakat?

to like something

midagi soovima

Would you like to smoke?
Would you like to dance?
Would you like to go for a walk?

Kas te sooviksite suitsetada?
Kas te sooviksite tantsida?
Kas te sooviksite jalutama minna?

I would like to smoke.
Would you like a cigarette?
He wants a light.

Ma sooviksin suitsetada.
Soovid sa sigaretti?
Ta soovib tuld.

I want to drink something.
I want to eat something.
I want to relax a little.

Ma sooviksin midagi juua.
Ma sooviksin midagi süüa.
Ma sooviksin veidi puhata.

I want to ask you something.
I want to ask you for something.
I want to treat you to something.

Ma sooviksin teilt midagi küsida.
Ma sooviksin teilt midagi paluda.
Ma sooviksin teid kuhugi kutsuda.

What would you like?
Would you like a coffee?
Or do you prefer a tea?

Mida te soovite, palun?
Soovite te kohvi?
Või soovite te pigem teed?

We want to drive home.
Do you want a taxi?
They want to make a call.

Me soovime koju sõita.
Soovite te taksot?
Nad soovivad helistada.

to want something

midagi tahtma

What do you want to do?
Do you want to play football / soccer *(am.)*?
Do you want to visit friends?

Mis te tahate?
Tahate te jalgpalli mängida?
Tahate te sõpru külastada?

to want
I don't want to arrive late.
I don't want to go there.

tahtma
Ma ei taha hiljaks jääda.
Ma ei taha sinna minna.

I want to go home.
I want to stay at home.
I want to be alone.

Ma tahan koju minna.
Ma tahan koju jääda.
Ma tahan üksi olla.

Do you want to stay here?
Do you want to eat here?
Do you want to sleep here?

Tahad sa siia jääda?
Tahad sa siin süüa?
Tahad sa siin magada?

Do you want to leave tomorrow?
Do you want to stay till tomorrow?
Do you want to pay the bill only tomorrow?

Tahate te homme ära sõita?
Tahate te homseni jääda?
Tahate te arve alles homme maksta?

Do you want to go to the disco?
Do you want to go to the cinema?
Do you want to go to a café?

Tahate te diskole minna?
Tahate te kinno?
Tahate te kohvikusse?

to have to do something / must

midagi pidama

must	pidama
I must post the letter.	Ma pean kirja ära saatma.
I must pay the hotel.	Ma pean hotellile maksma.
You must get up early.	Sa pead varakult tõusma.
You must work a lot.	Sa pead palju töötama.
You must be punctual.	Sa pead täpne olema.
He must fuel / get petrol / get gas (am.).	Ta peab tankima.
He must repair the car.	Ta peab autot parandama.
He must wash the car.	Ta peab autot pesema.
She must shop.	Ta peab sisseoste tegema.
She must clean the apartment.	Ta peab korterit puhastama.
She must wash the clothes.	Ta peab pesu ära pesema.
We must go to school at once.	Me peame kohe kooli minema.
We must go to work at once.	Me peame kohe tööle minema.
We must go to the doctor at once.	Me peame kohe arsti juurde minema.
You must wait for the bus.	Te peate bussi ootama.
You must wait for the train.	Te peate rongi ootama.
You must wait for the taxi.	Te peate taksot ootama.

to be allowed to

midagi võima

Are you already allowed to drive?	Võid sa juba autoga sõita?
Are you already allowed to drink alcohol?	Võid sa juba alkoholi juua?
Are you already allowed to travel abroad alone?	Võid sa juba üksi välismaale sõita?

may / to be allowed	võima
May we smoke here?	Võite te siin suitsetada?
Is smoking allowed here?	Võib siin suitsetada?

May one pay by credit card?	Võib siin krediitkaardiga maksta?
May one pay by cheque / check (am.)?	Võib siin tšekiga maksta?
May one only pay in cash?	Võib siin ainult sularahas maksta?

May I just make a call?	Võin ma hetkel helistada?
May I just ask something?	Võin ma hetkel midagi küsida?
May I just say something?	Võin ma hetkel midagi öelda?

He is not allowed to sleep in the park.	Ta ei või pargis magada.
He is not allowed to sleep in the car.	Ta ei või autos magada.
He is not allowed to sleep at the train station.	Ta ei või rongijaamas magada.

May we take a seat?	Võime me istuda?
May we have the menu?	Võime me menüüd saada?
May we pay separately?	Võime me eraldi maksta?

Asking for something

midagi paluma

Can you cut my hair?	Kas te saaksite mul juukseid lõigata?
Not too short, please.	Mitte nii lühikeseks, palun.
A bit shorter, please.	Veidi lühemaks, palun.
Can you develop the pictures?	Kas te saaksite need pildid ilmutada?
The pictures are on the CD.	Fotod on CD-plaadil.
The pictures are in the camera.	Fotod on fotoaparaadis.
Can you fix the clock?	Kas te saaksite seda kella parandada?
The glass is broken.	Klaas on katki.
The battery is dead / empty.	Patarei on tühi.
Can you iron the shirt?	Saaksite te seda särki triikida?
Can you clean the pants?	Saaksite te need püksid pesta?
Can you fix the shoes?	Saaksite te need kingad parandada?
Do you have a light?	Saaksite te mulle tuld anda?
Do you have a match or a lighter?	Kas teil on tikke või välgumihklit?
Do you have an ashtray?	Kas teil on tuhatoosi?
Do you smoke cigars?	Suitsetate te sigareid?
Do you smoke cigarettes?	Suitsetate te sigarette?
Do you smoke a pipe?	Suitsetate te piipu?

Giving reasons 1

midagi põhjendama 1

Why aren't you coming?
The weather is so bad.
I am not coming because the weather is so bad.

Miks te ei tule?
Ilm on nii halb.
Ma ei tule, sest ilm on nii halb.

Why isn't he coming?
He isn't invited.
He isn't coming because he isn't invited.

Miks ta ei tule?
Ta ei ole kutsutud.
Ta ei tule, sest ta ei ole kutsutud.

Why aren't you coming?
I have no time.
I am not coming because I have no time.

Miks sa ei tule?
Mul ei ole aega.
Ma ei tule, sest mul ei ole aega.

Why don't you stay?
I still have to work.
I am not staying because I still have to work.

Miks sa ei jää?
Ma pean veel töötama.
Ma ei jää, sest pean veel töötama.

Why are you going already?
I am tired.
I'm going because I'm tired.

Miks te juba lähete?
Ma olen väsinud.
Ma lähen, sest olen väsinud.

Why are you going already?
It is already late.
I'm going because it is already late.

Miks te juba sõidate?
On juba hilja.
Ma sõidan, sest juba on hilja.

Giving reasons 2

midagi põhjendama 2

Why didn't you come?
I was ill.
I didn't come because I was ill.

Miks sa ei tulnud?
Ma olin haige.
Ma ei tulnud, sest ma olin haige.

Why didn't she come?
She was tired.
She didn't come because she was tired.

Miks ta ei tulnud?
Ta oli väsinud.
Ta ei tulnud, sest ta oli väsinud.

Why didn't he come?
He wasn't interested.
He didn't come because he wasn't interested.

Miks ta ei tulnud?
Tal ei olnud tuju.
Ta ei tulnud, sest tal ei olnud tuju.

Why didn't you come?
Our car is damaged.
We didn't come because our car is damaged.

Miks te ei tulnud?
Meie auto on katki.
Me ei tulnud, sest me auto on katki.

Why didn't the people come?
They missed the train.
They didn't come because they missed the train.

Miks need inimesed ei tulnud?
Nad jäid rongist maha.
Nad ei tulnud, sest jäid rongist maha.

Why didn't you come?
I was not allowed to.
I didn't come because I was not allowed to.

Miks sa ei tulnud?
Ma ei tohtinud.
Ma ei tulnud, sest ma ei tohtinud.

Giving reasons 3

midagi põhjendama 3

Why aren't you eating the cake?
I must lose weight.
I'm not eating it because I must lose weight.

Miks te torti ei söö?
Ma pean alla võtma.
Ma ei söö seda, sest ma pean alla võtma.

Why aren't you drinking the beer?
I have to drive.
I'm not drinking it because I have to drive.

Miks te õlut ei joo?
Ma pean veel sõitma.
Ma ei joo seda, sest pean veel sõitma.

Why aren't you drinking the coffee?
It is cold.
I'm not drinking it because it is cold.

Miks sa kohvi ei joo?
See on külm.
Ma ei joo seda, sest see on külm.

Why aren't you drinking the tea?
I have no sugar.
I'm not drinking it because I don't have any sugar.

Miks sa teed ei joo?
Mul ei ole suhkrut.
Ma ei joo seda, sest mul ei ole suhkrut.

Why aren't you eating the soup?
I didn't order it.
I'm not eating it because I didn't order it.

Miks te suppi ei söö?
Ma ei tellinud seda.
Ma ei söö seda, sest ma ei ole seda tellinud.

Why don't you eat the meat?
I am a vegetarian.
I'm not eating it because I am a vegetarian.

Miks te liha ei söö?
Ma olen taimetoitlane.
Ma ei söö seda, sest ma olen taimetoitlane.

Adjectives 1

Omadussõnad 1

an old lady	vana naine
a fat lady	paks naine
a curious lady	uudishimulik naine
a new car	uus auto
a fast car	kiire auto
a comfortable car	mugav auto
a blue dress	sinine kleit
a red dress	punane kleit
a green dress	roheline kleit
a black bag	must kott
a brown bag	pruun kott
a white bag	valge kott
nice people	toredad inimesed
polite people	viisakad inimesed
interesting people	huvitavad inimesed
loving children	armsad lapsed
cheeky children	ulakad lapsed
well behaved children	head lapsed

Adjectives 2

Omadussõnad 2

I am wearing a blue dress.
I am wearing a red dress.
I am wearing a green dress.

Mul on sinine kleit seljas.
Mul on punane kleit seljas.
Mul on roheline kleit seljas.

I'm buying a black bag.
I'm buying a brown bag.
I'm buying a white bag.

Ma ostan musta koti.
Ma ostan pruuni koti.
Ma ostan valge koti.

I need a new car.
I need a fast car.
I need a comfortable car.

Mul on vaja uut autot.
Mul on vaja kiiret autot.
Mul on vaja mugavat autot.

An old lady lives at the top.
A fat lady lives at the top.
A curious lady lives below.

Seal üleval elab vana naine.
Seal üleval elab paks naine.
Seal all elab uudishimulik naine.

Our guests were nice people.
Our guests were polite people.
Our guests were interesting people.

Meie külalised olid toredad inimesed.
Meie külalised olid viisakad inimesed.
Meie külalised olid huvitavad inimesed.

I have lovely children.
But the neighbours have naughty children.
Are your children well behaved?

Mul on armsad lapsed.
Aga naabritel on ulakad lapsed.
Kas teie lapsed on head?

Adjectives 3

Omadussõnad 3

She has a dog.	Tal on koer.
The dog is big.	See on koer on suur.
She has a big dog.	Tal on suur koer.
She has a house.	Tal on maja.
The house is small.	See maja on väike.
She has a small house.	Tal on väike maja.
He is staying in a hotel.	Ta elab hotellis.
The hotel is cheap.	See hotell on odav.
He is staying in a cheap hotel.	Ta elab odavas hotellis.
He has a car.	Tal on auto.
The car is expensive.	See auto on kallis.
He has an expensive car.	Tal on kallis auto.
He reads a novel.	Ta loeb romaani.
The novel is boring.	See romaan on igav.
He is reading a boring novel.	Ta loeb igavat romaani.
She is watching a movie.	Ta vaatab filmi.
The movie is exciting.	See film on põnev.
She is watching an exciting movie.	Ta vaatab põnevat filmi.

Past tense 1

Minevik 1

to write	kirjutama
He wrote a letter.	Ta kirjutas kirja.
And she wrote a card.	Ja tema kirjutas kaardi.

to read	lugema
He read a magazine.	Ta luges ajakirja.
And she read a book.	Ja ta luges raamatut.

to take	võtma
He took a cigarette.	Ta võttis sigareti.
She took a piece of chocolate.	Ta võttis tüki šokolaadi.

He was disloyal, but she was loyal.	Ta oli truu, kuid tema oli truudusetu.
He was lazy, but she was hard-working.	Ta oli laisk, kuid tema oli usin.
He was poor, but she was rich.	Ta oli vaene, kuid tema oli rikas.

He had no money, only debts.	Tal ei olnud raha vaid võlad.
He had no luck, only bad luck.	Tal ei olnud õnne vaid õnnetust.
He had no success, only failure.	Tal ei olnud edu vaid äpardumisi.

He was not satisfied, but dissatisfied.	Ta ei olnud rahul vaid rahulolematu.
He was not happy, but sad.	Ta ei olnud õnnelik vaid õnnetu.
He was not friendly, but unfriendly.	Ta ei olnud sümpaatne vaid ebasümpaatne.

Past tense 2

Minevik 2

Did you have to call an ambulance?	Pidid sa kiirabi kutsuma?
Did you have to call the doctor?	Pidid sa arsti kutsuma?
Did you have to call the police?	Pidid sa politsei kutsuma?

Do you have the telephone number? I had it just now.

Do you have the address? I had it just now.

Do you have the city map? I had it just now.

Kas teil on see telefoninumber? Hetk tagasi oli mul see veel.

Kas teil on see aadress? Hetk tagasi oli mul see veel.

Kas teil on linnakaart? Hetk tagasi oli mul see veel.

Did he come on time? He could not come on time.

Did he find the way? He could not find the way.

Did he understand you? He could not understand me.

Tuli ta täpselt? Ta ei saanud täpselt tulla.

Leidis ta tee? Ta ei leidnud teed.

Sai ta sinust aru? Ta ei saanud minust aru.

Why could you not come on time?

Why could you not find the way?

Why could you not understand him?

Miks ei saanud sa täpselt tulla?

Miks sa teed ei leidnud?

Miks sa temast aru ei saanud?

I could not come on time because there were no buses.

I could not find the way because I had no city map.

I could not understand him because the music was so loud.

Ma ei saanud täpselt jõuda kuna ühtegi bussi ei läinud.

Ma ei saanud teed leida kuna mul ei olnud linnakaarti.

Ma ei saanud temast aru kuna muusika oli nii vali.

I had to take a taxi.

I had to buy a city map.

I had to switch off the radio.

Ma oleks pidanud takso võtma.

Ma oleks pidanud linnakaardi ostma.

Ma oleks pidanud raadio vaiksemaks keerama.

Past tense 3

Minevik 3

to make a call	helistama
I made a call.	Ma helistasin.
I was talking on the phone all the time.	Ma olin terve selle aja telefonil.
to ask	küsima
I asked.	Ma küsisin.
I always asked.	Ma olen alati küsinud.
to narrate	jutustama
I narrated.	Ma jutustasin.
I narrated the whole story.	Ma jutustasin terve loo ära.
to study	õppima
I studied.	Ma õppisin.
I studied the whole evening.	Ma õppisin terve õhtu.
to work	töötama
I worked.	Ma töötasin.
I worked all day long.	Ma töötasin terve päeva.
to eat	sööma
I ate.	Ma sõin.
I ate all the food.	Ma sõin kogu toidu ära.

to read
I read.
I read the whole novel.

lugema
Ma lugesin.
Ma lugesin terve romaani läbi.

to understand
I understood.
I understood the whole text.

mõistma
Ma mõistsin.
Ma mõistsin tervet teksti.

to answer
I answered.
I answered all the questions.

vastama
Ma vastasin.
Ma vastasin kõigile küsimustele.

I know that – I knew that.
I write that – I wrote that.
I hear that – I heard that.

Ma tean seda – ma teadsin seda.
Ma kirjutan seda – ma kirjutasin selle.
Ma kuulan seda – ma kuulsin seda.

I'll get it – I got it.
I'll bring that – I brought that.
I'll buy that – I bought that.

Ma toon selle ära – ma tõin selle ära.
Ma toon selle – ma tõin selle.
Ma ostan selle – ma ostsin selle.

I expect that – I expected that.
I'll explain that – I explained that.
I know that – I knew that.

Ma ootan seda – ma ootasin seda.
Ma seletan seda – ma seletasin seda.
Ma tunnen seda – ma tundsin seda.

Questions – Past tense 1

Küsimused – minevik 1

How much did you drink?	Kui palju te joonud olete?
How much did you work?	Kui palju te töötanud olete?
How much did you write?	Kui palju te kirjutanud olete?
How did you sleep?	Kuidas te magasite?
How did you pass the exam?	Kuidas te eksami sooritasite?
How did you find the way?	Kuidas te tee leidsite?
Who did you speak to?	Kellega te rääkisite?
With whom did you make an appointment?	Kellega te kokku leppisite?
With whom did you celebrate your birthday?	Kellega te sünnipäeva tähistasite?
Where were you?	Kus te olite?
Where did you live?	Kus te elasite?
Where did you work?	Kus te töötasite?
What did you suggest?	Mida te tellisite?
What did you eat?	Mida te sõite?
What did you experience?	Mida te õppinud olete?
How fast did you drive?	Kui kiiresti te sõitsite?
How long did you fly?	Kui kaua te lendasite?
How high did you jump?	Kui kõrgele te hüppasite?

Questions – Past tense 2

Küsimused – minevik 2

Which tie did you wear?	Millist lipsu sa kandsid?
Which car did you buy?	Millise auto sa ostsid?
Which newspaper did you subscribe to?	Millise ajalehe sa tellisid?
Who did you see?	Millal te nägite?
Who did you meet?	Millal te kohtusite?
Who did you recognize?	Millal te tuttavaks saite?
When did you get up?	Millal te ärkasite?
When did you start?	Millal te alustasite?
When did you finish?	Millal te lõpetasite?
Why did you wake up?	Miks te ärkasite?
Why did you become a teacher?	Miks te õpetajaks hakkasite?
Why did you take a taxi?	Miks te takso võtsite?
Where did you come from?	Kust te tulite?
Where did you go?	Kuhu te läksite?
Where were you?	Kus te olite?
Who did you help?	Keda sa aitasid?
Who did you write to?	Kellele sa kirjutasid?
Who did you reply to?	Kellele sa vastasid?

Past tense of modal verbs 1

Rõhumäärsõnade minevik 1

We had to water the flowers.	Me pidime lilli kastma.
We had to clean the apartment.	Me pidime korteri ära koristama.
We had to wash the dishes.	Me pidime nõud ära pesema.
Did you have to pay the bill?	Pidite te arve ära maksma?
Did you have to pay an entrance fee?	Pidite te sissepääsu eest maksma?
Did you have to pay a fine?	Pidite te trahvi maksma?
Who had to say goodbye?	Kes pidi lahkuma?
Who had to go home early?	Kes pidi vara koju minema?
Who had to take the train?	Kes pidi rongiga minema?
We did not want to stay long.	Me ei tahtnud kauaks jääda.
We did not want to drink anything.	Me ei tahtnud midagi juua.
We did not want to disturb you.	Me ei tahtnud segada.
I just wanted to make a call.	Ma tahtsin vaid helistada.
I just wanted to call a taxi.	Ma tahtsin takso tellida.
Actually I wanted to drive home.	Ma nimelt tahtsin koju sõita.
I thought you wanted to call your wife.	Ma mõtlesin, et sa tahtsid oma naisele helistada.
I thought you wanted to call information.	Ma mõtlesin, et sa tahtsid infonumbrile helistada.
I thought you wanted to order a pizza.	Ma mõtlesin, et sa tahtsid pitsat tellida.

Past tense of modal verbs 2

Rõhumäärsõnade minevik 2

My son did not want to play with the doll.	Mu poeg ei tahtnud nukkudega mängida.
My daughter did not want to play football / soccer *(am.)*.	Mu tütar ei tahtnud jalgpalli mängida.
My wife did not want to play chess with me.	Mu naine ei tahtnud minuga malet mängida.
My children did not want to go for a walk.	Mu lapsed ei tahtnud jalutuskäigule minna.
They did not want to tidy the room.	Nad ei tahtnud tuba koristada.
They did not want to go to bed.	Nad ei tahtnud voodisse minna.
He was not allowed to eat ice cream.	Ta ei tohtinud jäätist süüa.
He was not allowed to eat chocolate.	Ta ei tohtinud šokolaadi süüa.
He was not allowed to eat sweets.	Ta ei tohitnud kommi süüa.
I was allowed to make a wish.	Ma võisin midagi soovida.
I was allowed to buy myself a dress.	Ma võisin endale kleidi osta.
I was allowed to take a chocolate.	Ma võisin ühe šokolaadi võtta.
Were you allowed to smoke in the airplane?	Tohtisid sa lennukis suitsetada?
Were you allowed to drink beer in the hospital?	Tohtisid sa haiglas õlut juua?
Were you allowed to take the dog into the hotel?	Tohtisid sa koera hotelli kaasa võtta?
During the holidays the children were allowed to remain outside late.	Vaheajal tohivad lapsed kauem väljas olla.
They were allowed to play in the yard for a long time.	Nad tohivad kauem aias mängida.
They were allowed to stay up late.	Nad tohivad kauem üleval olla.

Imperative 1

Käskiv kõneviis 1

You are so lazy – don't be so lazy!	Sa oled nii laisk – ära ole nii laisk!
You sleep for so long – don't sleep so late!	Sa magad nii kaua – ära maga nii kaua!
You come home so late – don't come home so late!	Sa tuled nii hilja – ära tule nii hilja!
You laugh so loudly – don't laugh so loudly!	Sa naerad nii valjusti – ära naera nii valjusti!
You speak so softly – don't speak so softly!	Sa räägid liiga vaikselt – ära räägi nii vaikselt!
You drink too much – don't drink so much!	Sa jood liiga palju – ära joo nii palju!
You smoke too much – don't smoke so much!	Sa suitsetad liiga palju – ära suitseta nii palju!
You work too much – don't work so much!	Sa töötad liiga palju – ära tööta nii palju!
You drive too fast – don't drive so fast!	Sa sõidad liiga kiiresti – ära sõida nii kiiresti!
Get up, Mr. Miller!	Ärgake üles, härra Müller!
Sit down, Mr. Miller!	Võtke istet, härra Müller!
Remain seated, Mr. Miller!	Jääge istuma, härra Müller!
Be patient!	Kannatust!
Take your time!	Võtke aega!
Wait a moment!	Oodake üks hetk!
Be careful!	Olge ettevaatlik!
Be punctual!	Olge täpne!
Don't be stupid!	Ärge olge rumal!

Imperative 2

Käskiv kõneviis 2

Shave!	Raseeri ennast!
Wash yourself!	Pese ennast!
Comb your hair!	Kammi ennast!

Call!	Helista! Helistage!
Begin!	Alusta! Alustage!
Stop!	Lõpeta! Lõpetage!

Leave it!	Jäta see! Jätke see!
Say it!	Ütle seda! Öelge seda!
Buy it!	Osta see! Ostke see!

Never be dishonest!	Ära ole kunagi valelik!
Never be naughty!	Ära ole kunagi häbematu!
Never be impolite!	Ära ole kunagi ebaviisakas!

Always be honest!	Ole alati aus!
Always be nice!	Ole alati sõbralik!
Always be polite!	Ole alati viisakas!

Hope you arrive home safely!	Jõudke turvaliselt koju!
Take care of yourself!	Olge hästi ettevaatlikud!
Do visit us again soon!	Külastage meid varsti jälle!

Subordinate clauses:
that 1

Kõrvallaused sõnaga et 1

Perhaps the weather will get better tomorrow.	Ilm läheb võib-olla homme paremaks.
How do you know that?	Kust te teate seda?
I hope that it gets better.	Ma loodan, et see läheb paremaks.
He will definitely come.	Ta tuleb päris kindlalt.
Are you sure?	On see kindel?
I know that he'll come.	Ma tean, et ta tuleb.
He'll definitely call.	Ta helistab kindlasti.
Really?	Tõesti?
I believe that he'll call.	Ma arvan, et ta helistab.
The wine is definitely old.	See vein on kindlasti vana.
Do you know that for sure?	Teate te seda kindlalt?
I think that it is old.	Ma pakun, et see on vana.
Our boss is good-looking.	Meie ülemus näeb hea välja.
Do you think so?	Arvate?
I find him very handsome.	Ma arvan, et ta näeb lausa väga hea välja.
The boss definitely has a girlfriend.	Ülemusel on kindlasti tüdruksõber.
Do you really think so?	Arvate tõesti?
It is very possible that he has a girlfriend.	See on päris tõenäoline, et tal on tüdruksõber.

Subordinate clauses:
that 2

Kõrvallaused sõnaga
et 2

I'm angry that you snore.	Mind ärritab, et sa norskad.
I'm angry that you drink so much beer.	Mind ärritab, et sa nii palju õlut jood.
I'm angry that you come so late.	Mind ärritab, et sa nii hilja tuled.
I think he needs a doctor.	Ma arvan, et tal on arsti vaja.
I think he is ill.	Ma arvan, et ta on haige.
I think he is sleeping now.	Ma arvan, et ta nüüd magab.
We hope that he marries our daughter.	Me loodame, et ta abiellub meie tütrega.
We hope that he has a lot of money.	Me loodame, et tal on palju raha.
We hope that he is a millionaire.	Me loodame, et ta on miljonär.
I heard that your wife had an accident.	Ma kuulsin, et su naisega juhtus õnnetus.
I heard that she is in the hospital.	Ma kuulsin, et ta lamab haiglas.
I heard that your car is completely wrecked.	Ma kuulsin, et su auto on täiesti katki.
I'm happy that you came.	Mind rõõmustab, et te tulite.
I'm happy that you are interested.	Mind rõõmustab, et te huvitatud olete.
I'm happy that you want to buy the house.	Mind rõõmustab, et te maja osta soovite.
I'm afraid the last bus has already gone.	Ma kardan, et viimane buss on juba läinud.
I'm afraid we will have to take a taxi.	Ma kardan, et me peame takso võtma.
I'm afraid I have no more money.	Ma kardan, et mul ei ole raha kaasas.

Subordinate clauses:
if

Kõrvallaused sõnaga kas

I don't know if he loves me.	Ma ei tea, kas ta armastab mind.
I don't know if he'll come back.	Ma ei tea, kas ta tuleb tagasi.
I don't know if he'll call me.	Ma ei tea, kas ta helistab mulle.
Maybe he doesn't love me?	Kas ta tõesti armastab mind?
Maybe he won't come back?	Kas ta tõesti tuleb tagasi?
Maybe he won't call me?	Kas ta tõesti helistab mulle?
I wonder if he thinks about me.	Ma küsin endalt, kas ta mõtleb minule.
I wonder if he has someone else.	Ma küsin endalt, kas tal on keegi teine.
I wonder if he lies.	Ma küsin endalt, kas ta valetab.
Maybe he thinks of me?	Kas ta tõesti mõtleb minule?
Maybe he has someone else?	Kas tal on tõesti keegi teine?
Maybe he tells me the truth?	Kas ta tõesti rääkis tõtt?
I doubt whether he really likes me.	Ma kahtlen, kas ma talle tegelikult meeldin.
I doubt whether he'll write to me.	Ma kahtlen, kas ta kirjutab mulle.
I doubt whether he'll marry me.	Ma kahtlen, kas ta minuga abiellub.
Does he really like me?	Kas ma tõesti meeldin talle?
Will he write to me?	Kas ta tõesti kirjutab mulle?
Will he marry me?	Kas ta tõesti abiellub minuga?

Conjunctions 1

Sidesõnad 1

Wait until the rain stops.
Wait until I'm finished.
Wait until he comes back.

Oota kuni vihm lõpeb.
Oota kuni ma valmis olen.
Oota kuni ta tagasi tuleb.

I'll wait until my hair is dry.
I'll wait until the film is over.
I'll wait until the traffic light is green.

Ma ootan kuni mu juuksed on kuivad.
Ma ootan kuni film ära lõpeb.
Ma ootan kuni foori tuli roheliseks läheb.

When do you go on holiday?
Before the summer holidays?
Yes, before the summer holidays begin.

Millal sa puhkusele sõidad?
Veel enne suvevaheaga?
Jah, enne suvevaheaegade algust.

Repair the roof before the winter begins.
Wash your hands before you sit at the table.
Close the window before you go out.

Paranda katus enne, kui talv algab.
Pese oma käed enne, kui lauda istud.
Sulge aken enne, kui välja lähed.

When will you come home?
After class?
Yes, after the class is over.

Millal sa koju tuled?
Peale tunde?
Jah, peale tundide lõppu.

After he had an accident, he could not work anymore.
After he had lost his job, he went to America.
After he went to America, he became rich.

Peale seda, kui tal õnnetus oli, ei saanud ta enam töötada.
Peale seda, kui ta töö kaotas, läks ta Ameerikasse.
Peale seda, kui ta Ameerikasse läks, sai ta rikkaks.

Conjunctions 2

Sidesõnad 2

Since when is she no longer working?
Since her marriage?
Yes, she is no longer working since she got married.

Mis ajast ta enam ei tööta?
Teie abiellumisest?
Jah, ta ei tööta enam sellest ajast kui abiellus.

Since she got married, she's no longer working.
Since they have met each other, they are happy.
Since they have had children, they rarely go out.

Sellest ajast kui ta abiellus, ei tööta ta enam.
Sellest ajast kui nad üksteist tunnevad, on nad õnnelikud.
Sellest ajast kui neil lapsed on, käivad nad harva väljas.

When does she call?
When driving?
Yes, when she is driving.

Millal ta helistab?
Siis kui ta sõidab?
Jah, siis kui ta sõidab.

She calls while she drives.
She watches TV while she irons.
She listens to music while she does her work.

Ta helistab siis, kui ta sõidab.
Ta vaatab telekat, kui triigib.
Ta kuulab muusikat samal ajal, kui oma ülesandeid täidab.

I can't see anything when I don't have glasses.
I can't understand anything when the music is so loud.
I can't smell anything when I have a cold.

Ma ei näe midagi, kui mul prille ei ole.
Ma ei saa millestki aru, kui muusika on nii vali.
Ma ei tunne midagi, kui mul on nohu.

We'll take a taxi if it rains.
We'll travel around the world if we win the lottery.
We'll start eating if he doesn't come soon.

Me võtame takso, kui vihma sajab.
Me reisime ümber maailma, kui lotoga võidame.
Me alustame söömisega, kui ta varsti ei tule.

I get up as soon as the alarm rings.
I become tired as soon as I have to study.
I will stop working as soon as I am 60.

Ma tõusen üles kohe kui äratuskell heliseb.
Ma olen väsinud kohe kui õppima pean.
Ma lõpetan töötamise kohe kui 60 saan.

When will you call?
As soon as I have a moment.
He'll call, as soon as he has a little time.

Millal te helistate?
Kohe kui mul on hetk aega.
Ta helistab kohe kui tal on hetk aega.

How long will you work?
I'll work as long as I can.
I'll work as long as I am healthy.

Kui kaua te töötate?
Ma töötan nii kaua, kuni saan.
Ma töötan nii kaua, kuni olen terve.

He lies in bed instead of working.
She reads the newspaper instead of cooking.
He is at the bar instead of going home.

Ta lamab voodis selle asemel, et töötada.
Ta loeb ajalehte selle asemel, et süüa teha.
Ta istub pubis selle asemel, et koju minna.

As far as I know, he lives here.
As far as I know, his wife is ill.
As far as I know, he is unemployed.

Nii palju kui mina tean, elab ta siin.
Nii palju kui mina tean, on ta naine haige.
Nii palju kui mina tean, on ta töötu.

I overslept; otherwise I'd have been on time.
I missed the bus; otherwise I'd have been on time.
I didn't find the way / I got lost; otherwise I'd have been on time.

Ma magasin sisse, muidu oleksin täpselt jõudnud.
Ma jäin bussist maha, muidu oleksin täpselt jõudnud.
Ma ei leidnud teed, muidu oleksin täpselt jõudnud.

Conjunctions 4

Sidesõnad 4

He fell asleep although the TV was on.
He stayed a while although it was late.
He didn't come although we had made an appointment.

Ta jäi magama, kuigi telekas töötas.
Ta jäi veel, kuigi juba oli hilja.
Ta ei tulnud, kuigi me leppisime kohtumise kokku.

The TV was on. Nevertheless, he fell asleep.
It was already late. Nevertheless, he stayed a while.
We had made an appointment. Nevertheless, he didn't come.

Telekas töötas. Sellele vaatamata jäi ta magama.
Oli juba hilja. Sellele vaatamata jäi ta veel.
Me leppisime kohtumise kokku. Sellele vaatamata ta ei tulnud.

Although he has no license, he drives the car.
Although the road is slippery, he drives so fast.
Although he is drunk, he rides his bicycle.

Ehkki tal ei ole juhiluba, sõidab ta autoga.
Ehkki tänab on libe, sõidab ta kiiresti.
Ehkki ta on purjus, sõidab ta rattaga.

Despite having no licence / license (am.), he drives the car.
Despite the road being slippery, he drives fast.
Despite being drunk, he rides the bike.

Tal ei ole juhiluba. Sellele vaatamata sõidab ta autoga.
Tänav on libe. Sellele vaatamata sõidab ta liiga kiiresti.
Ta on purjus. Sellele vaatamata sõidab ta rattaga.

Although she went to college, she can't find a job.
Although she is in pain, she doesn't go to the doctor.
Although she has no money, she buys a car.

Ta ei leia töökohta, kuigi ta on õppinud.
Ta ei lähe arsti juurde, kuigi tal on valud.
Ta ostab auto, kuigi tal ei ole raha.

She went to college. Nevertheless, she can't find a job.
She is in pain. Nevertheless, she doesn't go to the doctor.
She has no money. Nevertheless, she buys a car.

Ta on õppinud. Sellele vaatamata ei leia ta töökohta.
Tal on valud. Sellele vaatamata ei lähe ta arsti juurde.
Tal ei ole raha. Sellele vaatamata ostab ta auto.

Double connectors

Kahekordsed sidesõnad

The journey was beautiful, but too tiring.
The train was on time, but too full.
The hotel was comfortable, but too expensive.

Reis oli tõesti ilus, kuid liialt koormav.
Rong oli tõesti täpne, kuid liialt täis.
Hotell oli tõesti mugav, kuid liialt kallis.

He'll take either the bus or the train.
He'll come either this evening or tomorrow morning.
He's going to stay either with us or in the hotel.

Ta tuleb kas bussi või rongiga.
Ta tuleb kas täna õhtul või homme varahommikul.
Ta elab kas meil või hotellis.

She speaks Spanish as well as English.
She has lived in Madrid as well as in London.
She knows Spain as well as England.

Ta räägib nii hispaania kui inglise keelt.
Ta on elanud nii Madridis kui Londonis.
Ta tunneb nii Hispaaniat kui Inglismaad.

He is not only stupid, but also lazy.
She is not only pretty, but also intelligent.
She speaks not only German, but also French.

Ta ei ole mitte ainult rumal vaid ka laisk.
Ta ei ole ainuüksi ilus vaid ka intelligentne.
Ta ei räägi ainult saksa vaid ka prantsuse keelt.

I can neither play the piano nor the guitar.
I can neither waltz nor do the samba.
I like neither opera nor ballet.

Ma ei oska mängida ei klaverit ega kitarri.
Ma ei oska tantsida ei valssi ega sambat.
Mulle ei meeldi ei ooper ega ballett.

The faster you work, the earlier you will be finished.
The earlier you come, the earlier you can go.
The older one gets, the more complacent one gets.

Mida kiiremini sa töötad, seda varem saad valmis.
Mida varem sa tuled, seda varem saad ka minna.
Mida vanemaks jäädakse, seda mugavamaks minnakse.

Genitive

Omastav

my girlfriend's cat	minu sõbranna kass
my boyfriend's dog	minu sõbra koer
my children's toys	minu laste mänguasjad

This is my colleague's overcoat.	See on minu kolleegi mantel.
That is my colleague's car.	See on minu kolleegi auto.
That is my colleagues' work.	See on minu kolleegi töö.

The button from the shirt is gone.	Särgilt on nööp ära.
The garage key is gone.	Garaaži võti on kadunud.
The boss' computer is not working.	Ülemuse arvuti on katki.

Who are the girl's parents?	Kes on tüdruku vanemad?
How do I get to her parents' house?	Kuidas saan ma tema vanemate maja juurde?
The house is at the end of the road.	Maja asub tänava lõpus.

What is the name of the capital city of Switzerland?	Mis on Šveitsi pealinn?
What is the title of the book?	Mis on selle raamatu nimi?
What are the names of the neighbour's / neighbor's *(am.)* children?	Mis on naabri laste nimed?

When are the children's holidays?	Millal on lastel koolivaheaeg?
What are the doctor's consultation times?	Millal on arsti vastuvõtuajad?
What time is the museum open?	Millal on muuseumi lahtiolekuajad?

Adverbs

Määrsõnad

already – not yet
Have you already been to Berlin?
No, not yet.

juba kunagi – mitte kunagi
Olete te juba kunagi Berliinis olnud?
Ei, mitte kunagi.

someone – no one
Do you know someone here?
No, I don't know anyone here.

keegi – mitte keegi
Tunnete te siin kedagi?
Ei, ma ei tunne siin mitte kedagi.

a little longer – not much longer
Will you stay here a little longer?
No, I won't stay here much longer.

veel – mitte enam
Jääte te veel kauaks siia?
Ei, ma ei jää enam kauaks siia.

something else – nothing else
Would you like to drink something else?
No, I don't want anything else.

veel midagi – ei midagi
Soovite te veel midagi juua?
Ei, ma ei soovi enam midagi.

something already – nothing yet
Have you already eaten something?
No, I haven't eaten anything yet.

juba midagi – mitte veel
Olete te juba midagi söönud?
Ei, ma ei ole veel midagi söönud.

someone else – no one else
Does anyone else want a coffee?
No, no one else.

veel keegi – mitte keegi
Soovib keegi veel kohvi?
Ei, mitte keegi.

35291617R00060

Made in the USA
Lexington, KY
05 September 2014